CORPORATE GOVERNANCE EVALUATION OF SME BOARD AND CHINEXT IN SHENZHEN STOCK EXCHANGE

中国中小板、创业板公司治理评价

鲁 桐 仲继银 等 著

中国发展出版社
CHINA DEVELOPMENT PRESS

图书在版编目（CIP）数据

中国中小板、创业板公司治理评价 / 鲁桐、仲继银等著. —北京：中国发展出版社，2017.8

ISBN 978-7-5177-0739-4

Ⅰ. ①中… Ⅱ. ①鲁… Ⅲ. ①创业板市场—上市公司—研究—中国 Ⅳ. ①F279.246

中国版本图书馆CIP数据核字（2017）第189170号

书　　　名：中国中小板、创业板公司治理评价
著作责任者：鲁　桐　仲继银　等
出 版 发 行：中国发展出版社
（北京市西城区百万庄大街16号8层　100037）
标 准 书 号：ISBN 978-7-5177-0739-4
经　销　者：各地新华书店
印　刷　者：北京市密东印刷有限公司
开　　　本：710mm × 1000mm　1/16
印　　　张：13.25
字　　　数：190千字
版　　　次：2017年8月第1版
印　　　次：2017年8月第1次印刷
定　　　价：40.00 元

联 系 电 话：（010）68990630　68990692
购 书 热 线：（010）68990682　68990686
网 络 订 购：http://zgfzcbs. tmall. com//
网 购 电 话：（010）88333349　68990639
本 社 网 址：http://www.develpress. com. cn
电 子 邮 件：bianjibu16@vip. sohu. com

目　录
Contetns

第一部分　2016年度公司治理评价总报告

第二部分　2016年度公司治理评价分报告

第三部分　中国上市公司治理专题研究

第一部分

2016年度公司治理评价总报告

2016年度公司治理评价总报告

一、前言

当前，中国经济进入新常态，以“大众创业、万众创新”为核心特征的新发展战略的提出，意味着中国今后的经济发展要着力于培育新兴产业，构造优质企业。我国中小板、创业板的推出为成千上万的中小高科技企业提供了资本融资和规模扩张的发展机会。深交所一千多家中小板和创业板上市公司以民营企业为主，具有高科技、高成长性和高风险性的特点，它们在细分行业处于龙头地位，肩负着我国经济转型和产业升级的重任。

据统计，深圳证券交易所中小板803家公司（剔除没有上年同期数据的不可比公司后，下同）的2016年三季报营业利润总额同比增长25.05%，归属母公司股东净利润总额同比增长25.96%，扣除非经常性损益后的净利润同比增长32.90%。创业板534家公司的2016年三季报营业利润总额同比增长42.62%，归属母公司股东净利润总额同比增长44.74%，扣除非经常性损益后的净利润同比增长72.03%。

中小企业的健康、可持续发展仍离不开公司治理的保驾护航。公司治理是以管理者和所有者的权力制衡安排为核心，设置的一整套控制和管理公司行为的机制。良好的公司治理意味着，公司拥有良好的治理结构和约束、激励机制，股东、董事和高管之间有一套完善的决策程序，重要利益相关者的

执笔人：鲁桐，中国社会科学院世界经济与政治研究所研究员；吴国鼎，中国社会科学院世界经济与政治研究所助理研究员。

利益均得到了充分考虑和保障。良好的公司治理也意味着公司运营稳健，具有更强的抵御风险能力。作为上市公司，良好的治理更加强调保护中小投资者的利益。当一个国家大多数公司拥有较好的公司治理时，其宏观经济发展将获得坚实的微观基础，产业升级和经济转型将水到渠成。

中国社会科学院世界经济与政治研究所公司治理研究中心自2012年以来，连续5年以深圳证券交易所中小板、创业板上市公司为研究对象，系统地考察中小上市公司治理现状、特征和存在的问题，以期引导处于高速成长阶段的上市公司完善公司治理，并为其他广大中小企业的发展提供借鉴和参考。

二、研究方法和评价指标体系的构建

本报告依据深交所上市公司的公开信息，包括公司网页、公司年报、公司公告，及巨潮网、WIND数据库和CSMAR数据库。评价对象是截至2015年12月31日上市时间满一年以上的中小板和创业板公司，共1137家。本年度报告内容来自上市公司2015年度报告，数据采集时间截至2016年6月30日。

在评价方法上，我们使用国际通行的“等权重指数编制法”。参考《G20/OECD公司治理原则》（2016），根据中国《公司法》、《证券法》以及公司治理的相关法律、法规，形成公司治理评价框架体系。从股权结构与股东权利、董事会与监事会运作、信息披露与合规、激励机制等四个方面对中小板、创业板上市公司治理水平进行系统评估。

从股权结构和股东权利角度评估上市公司的治理状况，我们重点关注如下指标：公司是否有一个合理的股权结构？股东之间是否存在制衡关系？股东权利是否得到了充分保障？股东大会是否赢得了股东的积极参与？

在评估董事会、监事会有效运作方面，我们重点关注董事会、监事会成员能否诚实尽职、谨慎地开展工作，最大程度地维护公司和股东的利益？董事会成员能否做出客观、独立的判断，平衡各方对公司的利益和要求。具体指标包括董事会开会情况、专业委员会情况、独立非执行董事的比例、董事会多元化等。

在信息披露与合规方面，公司治理评价体系着重考察监管部门如证监会和交易所对上市公司的处罚情况，年报信息披露质量，公司是否有财务重述，以及交易所对公司信息披露质量的评估结果等。在评估公司年报质量方面，我们关注公司披露的实质性信息，包括公司财务和经营成果、对潜在经营风险的分析以及公司的所有权、商业伦理、治理政策和程序等非财务信息。

在评估上市公司是否建立了合理的薪酬激励机制时，我们对于高管薪酬是否与企业的经营业绩挂钩，企业长、短期薪酬激励的搭配，公司高管和技术人员的持股情况，是否存在长期激励机制、员工持股计划等方面的问题给予特别关注。

上述四个方面在公司治理评价指标体系中各占25%的权重。其中，股权结构与股东权利、激励机制各有5个具体指标，董事会与监事会运作有6个具体指标，信息披露与合规有4个具体指标。在这20个具体指标中，董事会多元化情况、董事长与总经理两职设置情况满分为2.5分，交易所年度信息披露考核情况满分为10分，其他指标满分均为5分。

表1.1　　公司治理评价指标体系

一级指标	权重	二级指标
股权结构与股东权利	25%	股东参与股东大会的程度
		投资者关系管理状况
		大股东之间的制衡状况
		股东大会的中小股东股份比例
		机构投资者持股比例
董事会与监事会运作	25%	董事会运作情况
		监事会持股情况
		董事会的独立性
		董事会专业委员会情况
		董事会多元化情况
		董事长与总经理两职设置情况

续表

一级指标	权重	二级指标
信息披露与合规	25%	受证监会、交易所处罚情况
		年报披露质量
		信息披露的准确性
		交易所年度信息披露考核情况
激励机制	25%	是否有长效激励机制
		董监高薪酬与公司业绩关联度
		公司高管的风险承担程度
		核心技术人员的激励安排
		员工持股激励情况

三、公司治理总体表现尚好但改进空间较大

（一）良好的公司治理是企业实现可持续发展的保障

通过综合公司治理评价，在1137家样本中评选出来的“公司治理50强”，是上市公司治理优秀群体的代表。这些“榜样”公司的共同特点是它们在激烈的市场竞争中认识到改善公司治理已经成为其自身发展的需要，是提高企业竞争力实现长期可持续发展的保证。在改善公司治理的过程中，这些公司并不满足于合法、合规的底线要求，而是根据公司的客观条件，不断实践和探索自主性治理的途径。这些由自主监管、自愿标准组成的公司治理机制是公司实现强劲增长的基因。

公司治理表现突出的公司在经营业绩方面有更好的表现。评价结果显示，2016年度，中小板、创业板公司治理良好的公司，经营业绩均优于那些治理不良的公司，公司治理和公司业绩存在着一定的正相关关系。拿公司治理50强和非50强比较来看，公司治理50强的总资产收益率为7.40%，而非50强的总资产收益率为3.97%。治理50强公司的净资产收益率为10.91%，而非50强公司的净资产收益率为5.36%。这表明，良好的公司治理是企业实现绩效的充分保障。

（二）创业板公司治理的整体水平好于中小板，股权制衡有作用

与创业板公司相比，中小板公司平均规模大，按说公司治理水平应该高于创业板，可事实正好相反，中小板公司的平均治理得分（52.52）明显低于创业板公司（56.66）。说明创业板公司治理的整体表现优于中小板。

创业板中民营企业所占比例高于中小板，国有企业比例低于中小板。创业板公司第一大股东持股比例低于中小板公司，但创业板中有更好的大股东之间相互制衡。创业板公司的平均机构投资者持股比例（12.28%）也要比中小板公司高（8.70%），机构投资者是创业板公司大股东制衡度高的一个重要因素。

（三）上市公司治理自选动作差异大，自主性治理改进的空间仍需扩大

评估总分前50名和其余公司在薪酬激励、股权结构与股东权利两个部分的差别（分差分别为38.86和21.11）远远大于信息披露与合规、董事会与监事会运作两个部分（分差分别为4.57和8.02）。信息披露与合规属于规定动作，除少数违规者之外，大多数公司能够按照监管要求去做，因此都会得到较高的评估分。董事会与监事会运作方面的5个指标中，除董事会多样化的两个指标（女性董事比例和董事长与总经理是否分开）指标是完全自选动作外，董事会会议次数、监事会会议次数、董事会委员会的数量和独立及非执行董事比例等指标基本属于半自选动作。在以规定动作为主的这两个部分中，公司间得分差异都较小。在薪酬激励和股权结构及股东权利两个“自选动作”为主要内容的部分中，公司间得分则呈现出了更大的差距。越是完全自选动作，公司间差异越大，总体得分也较低。这反映出中小板和创业板公司还普遍缺乏自主改进公司治理的内在动力。

（四）信息披露表现良好，仍有改善的空间

虽然上市公司在信息披露与合规方面的整体表现可圈可点，但这并不意

味着上市公司在信息披露上没有改进的余地。如何以投资者需求为导向构建高质量的信息披露体系应是未来监管者和上市公司需要关注的重要课题。过去，我国上市公司在信息披露方面的监管多偏重于合法性、合规性，而对投资者真正关心的反映企业经营层面的信息质量重视不够。信息技术特别是互联网的发展对公司信息披露的方式也带来了新的需求。如何在统一规则和满足个性化需求方面实现适度的平衡也是未来改善信息披露质量的一个重要方面。

（五）激励机制不完善是普遍存在的软肋

薪酬激励是公司内部治理机制的核心。薪酬激励的作用在于使高管利益和股东利益保持一致，降低他们之间的委托代理冲突，从而为公司创造更大的价值。激励机制不健全是当前中小上市公司治理最为突出的问题。主要表现在：短期激励有余，长期激励不足；高管激励有余，核心技术人员和员工激励不足；对董事激励有余，对监事激励不足。

中小板、创业板公司具有高成长性、高科技和对人力资本高度依赖的特点。除了对高管人员实行激励安排以外，能否重视对公司核心技术人员的激励是导致公司能否实现持续性高成长的重要因素。而如何对不同类型的技术人员进行适度激励仍是上市公司需要进一步探讨的管理实践。统计结果显示，只有30%的上市公司考虑到对技术人员的激励安排问题。同样，不到30%的公司计划或者已经实行员工持股。

研究结果表明，良好的激励制度与公司业绩之间具有直接的关联性。特别是重视长期激励安排的公司，往往会取得更好的业绩。

四、公司治理不同方面以及不同企业之间差异明显

基于中小上市公司（包括中小板和创业板）2016年度的公开信息，根据我们构建的评价体系和评分方法，首先对1137家样本公司的治理情况进行评价，然后对最终评选出的公司治理50强进行评价。

（一）1137家中小上市公司治理得分总体情况

总体评价结果显示，1137家中小上市公司的平均治理得分为53.99分，最高分为81.5分，最低分为24分。这一评价结果基本揭示了中小上市公司治理的现状，即总体水平较低，差异化非常明显。

在1137家样本公司中，732家公司来自中小板，405家公司来自创业板，分别占样本总体的64.38%和35.62%。中小板公司的平均治理分数为52.52，创业板公司的平均治理分数为56.66。创业板公司的治理得分高于中小板。

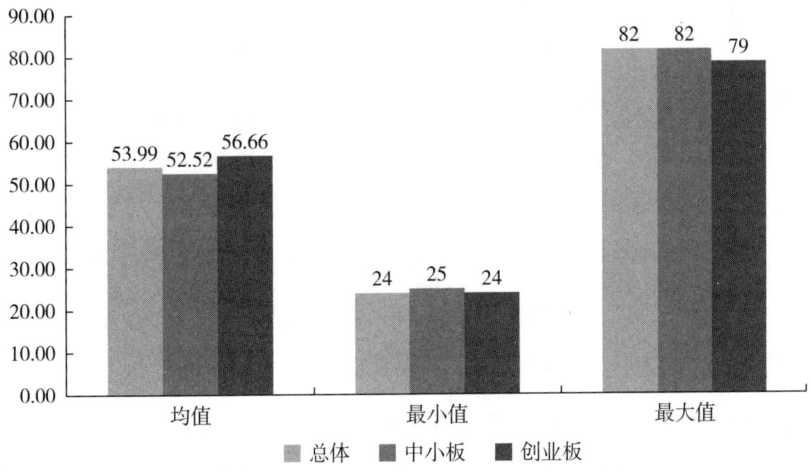

图1.1　1137家中小上市公司的治理得分总体情况

在1137家样本总体中，公司治理得分的区间分布存在较大差异。数据显示，81家公司的得分高于70分，268家公司的得分处于60～70分的区间，381家公司的得分处于50～60分的区间，308家公司的得分处于40～50分的区间，93家公司的得分位于30～40分的区间，6家公司的得分处于30分以下。样本总体的得分呈正态分布形状，验证了评价体系科学性，从而能有效地区分不同公司的治理现状。如果以60分为及格标准，则样本总体中评价分数及格的公司数量为349家，仅占总体的30.69%的比例。这反映了多数中小上市公司的治理水平不高的现状。

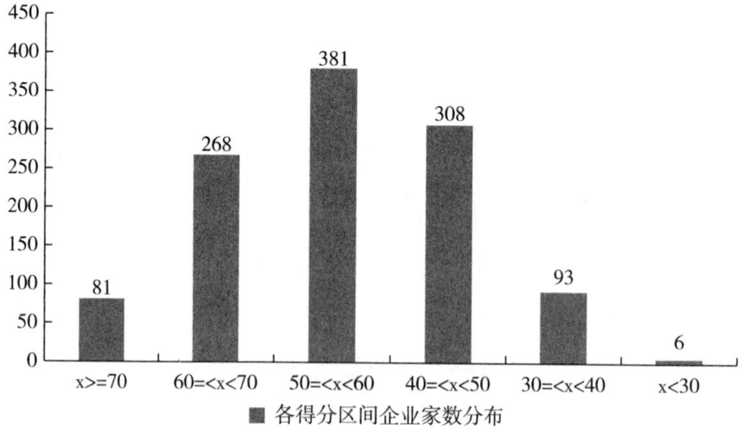

图1.2 1137家公司的治理得分直方图

中国的公司治理改革是从国有企业开始，各种治理规则均是在国有企业的治理实践中确立的。中小公司在上市前，需在理顺原有治理体系的基础上，全面搭建证监会和交易所要求的治理机构和机制。毋庸置疑，这些治理机制具有一定的合理性，一定程度上可以减少中小上市公司的摸索成本，但是也产生一些水土不服的现象。比如，中小上市公司监事会在实践中经常沦为“鸡肋”，发挥的作用有限，但又迫于法律的要求不能取消。中小上市公司治理水平的提高，除了拿来主义外，还需要更多地从实践中总结，摸索出更符合中小企业特点的治理规范，从而提高公司治理的有效性。

（二）公司治理分项指标得分情况比较

我们的公司治理评价体系包括四大方面，分别是股权结构与股东权利、董事会和监事会运作、信息披露与合规及薪酬激励。对1137家公司的总体评价显示，信息披露与合规方面的得分最高，董事会和监事会运作次之，薪酬激励的得分最低。

信息披露与合规的较好表现源于两方面：一是媒体对公司治理的监督作用日益增强，二是证监会和交易所对信息披露提出了更严格的要求。近年来，随着平面和网络媒体的发展，上市公司的风吹草动均会被市场人士发现，为了避免不良信息对公司股价和正常运行产生负面影响，上市公司普遍有完善信息披露的主观意愿。同时，在监管部门和交易所的规范性要求下，这些完善信息披露的意愿得以用恰当的形式表现出来。总体来看，信息披露与合规是中国上市公司近年来少数做得比较好的治理表现之一。

激励机制不足是当前中小上市公司治理的主要风险。监督和激励是公司治理发挥作用的两个主要方面。解决代理问题是公司治理的出发点和落脚点。如果激励不充分，很难相信公司高管会竭尽全力为公司发展贡献力量。对于中小上市公司的高管而言，除了一定的薪酬激励外，股权和期权激励以及员工持股计划是更重要、更有效的长期激励手段，其有利于高管以及员工与公司形成利益共同体，从而降低代理成本。研究数据显示，多数中小上市公司需要强化对高管和核心技术人员的股权、期权激励以及实行一定形式的员工持股计划。

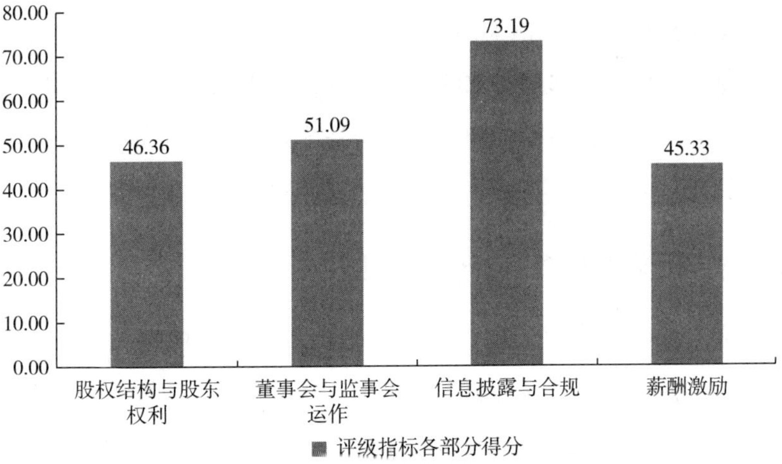

图1.3　公司治理评估表现

图1.3中显示，无论是中小板还是创业板，信息披露与合规部分的得分均高于其他三个方面。分板块来看，创业板公司治理的得分在“股权结构与股东权利”、“信息披露与合规”和“薪酬激励”等三个方面得分都要高于中小板公司。尤其是在“薪酬激励”方面，创业板得分显著高于中小板，

表明高科技公司扎堆儿的创业板，更加重视对公司董监高和核心技术人员的激励。

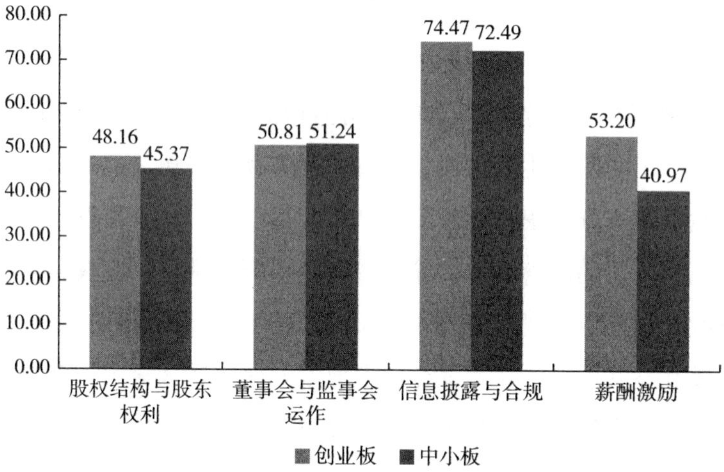

图1.4 中小板、创业板公司在治理评价四个部分的分别表现

中小板与创业板公司在信息披露与合规、董事会与监事会运作上的差异较小，前者源于对监管部门要求的执行，后者反映了中国董事会和监事会在发挥功能上存在的普遍困境，即形式上均是按照监管部门的要求而设，功能上也大概相同，没有真正改变“橡皮图章”的旧印象。

（三）不同规模的公司治理水平比较

大量研究表明，公司治理水平不仅受到所处地区的影响，也与公司的规模有关。一般而言，随着公司规模变大，公司治理的重要性将不断上升，不良治理对于大公司的损失要远远大于对小公司的损失。因此，我们可以预期，大公司的治理水平要高于小公司。为验证这一预期，我们分别取1137家样本公司资产总额的平均数（49.67亿）、股本总数的平均数（5.71亿），以此将所有公司划分为大公司、小公司两类，考察两类公司的治理得分差异。

结果显示，在两种分组情况下，大公司的治理得分均高于小公司。这表明，对于中小板和创业板的公司而言，治理水平与规模之间的关系符合一般规律。

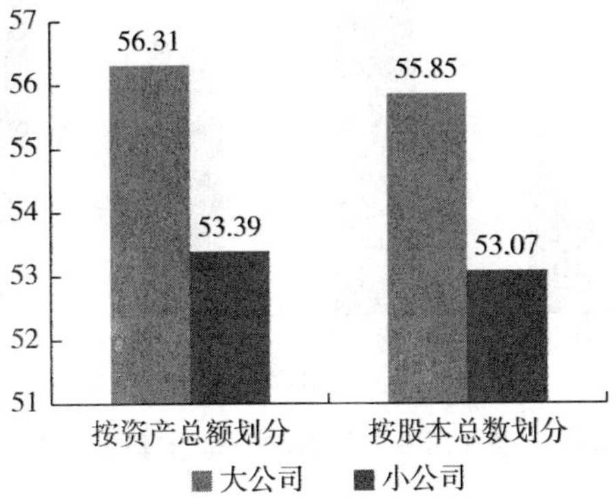

图1.5　大公司、小公司的治理得分差异

（四）企业所有制类型与公司治理差异

对于大多数公司而言，公司所有制类型对公司治理有重要的影响。企业的所有制类型对公司的决策模式和治理氛围，以及对公司运营的各个方面均有重要影响。我们分析不同所有制类型企业的公司治理状况。对于企业所有制类型的划分，如果实际控制人为个人或民营企业，则把该类公司划分为民营企业；如果实际控制人为国有企业或国有资产管理部门等政府机构，则把该类公司划分为国有企业；如果实际控制人为外资企业或外籍人士，则把该类公司划分为外资企业。还有一类企业，不属于上述三种类型，我们把其划分为其他类型。

结果显示，总体样本中民营企业有927家，国有企业有127家，外资企业有34家，其他类型企业有49家。

在公司治理得分上，“其他”类公司的治理得分平均值最高，鉴于此类公司仅有49家，占总体样本较小，且实际控制人性质不明确，这里不予考虑。除此之外，民营企业的治理得分为54.69，高于国有企业和外资企业。这表明，至少对于深交所中小板和创业板的公司而言，民营企业的公司治理更好。

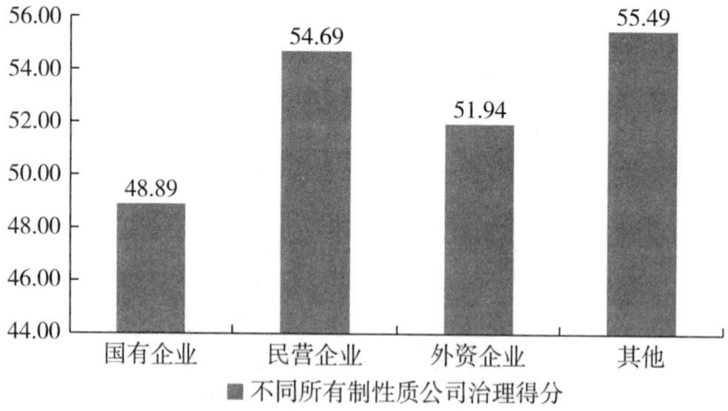

图1.6　企业所有制类型与公司治理得分差异

（五）良好的公司治理有助于提升公司业绩

公司治理是企业运行的基本制度。良好的公司治理意味着公司股东、董事会和管理层之间有着良好的协调关系，公司的重大决策能够兼顾民主和科学，重大投资项目的权、责、利关系明晰，监督和激励均比较到位，公司的信息披露更及时、准确和透明。国内外的治理实践均表明，良好的公司治理有利于提升公司业绩，投资者会追捧那些治理良好的公司，公司在资本市场将获得较好的溢价。

评价结果显示，中小板、创业板公司治理良好的公司，经营业绩均优于那些治理不良的公司，公司治理和公司业绩存在着一定的正相关关系。

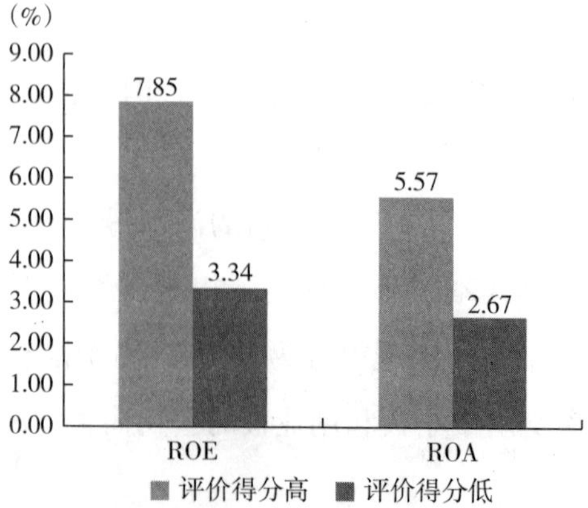

图1.7　公司治理评价得分与公司业绩的关系

（六）公司治理风险提示

为深入分析评价体系中各公司治理指标的得分情况，我们列出了得分最低的十大指标，以揭示上市公司治理存在的风险。

在得分最低的十大指标中，股权结构与股东权利方面有3个，激励机制有4个，董事会和监事会运作有2个，信息披露与合规方面有1个指标。

中小上市公司在激励机制方面的不足值得关注。激励机制不健全是中小上市公司最为突出的问题。在总体评价体系中，激励方面共有5个指标，这里就占了4个，说明激励机制的得分拖了总体得分的后腿。

股权结构与股东权利保护是公司治理的基础性因素。不同的股权结构决定了公司的控制权结构，从而决定了公司的决策机制和发展方向。中小上市公司在发展伊始即需确立良好的股权结构，通过股权制衡防止大股东独断专行。同时，需保护广大中小投资者的利益，赢得资本市场的支持，为公司发展打造良好的外部环境。我们的评价结果显示，中小上市公司的股权制衡度较小，机构投资者持股比例较低，均是不理想的状况。另外，公司的投资者接待活动情况指标得分也较低，说明公司的投资者关系管理还停留在纸面上，没有为投资者提供足够多的沟通渠道。

董事会是现代公司治理的核心。董事会中的独立及非执行董事能够站在更为客观的角度来对公司进行决策，因而有利于公司治理的改进以及公司制定经营决策的科学性。样本企业中，董事会中的独立及非执行董事比例指标得分相对偏低，说明大多数公司尚未意识到这一点，公司董事会仍然是以内部人为主。

样本公司“监事会运作情况”得分也很低。监事会成员持股偏少，其在公司中说话就没有分量，其对公司的监督也就不尽力，这就会影响监事会功能的发挥。中小上市公司需反思监事会的作用，是积极采取举措，充分运用监事会这一治理机构，为公司发展助力护航，还是听之任之，仅需要满足监管部门的要求即可。我们认为，从公司长远发展来看，监事会的有效运作问题需要不断摸索，改变徒有形式的状况。

表1.2　　　　公司治理的风险提示指标（满分100分）

	评价指标	得分
股权结构与股东权利	投资者接待活动情况	37.96
	股权制衡度	38.82
	机构投资者持股比例	43.25
董事会和监事会运作	监事会运作情况	16.89
	独立及非执行董事比例	54.27
信息披露与合规	公司公告中补充说明的情况	53.76
激励机制	是否实施股权激励	40.46
	核心技术人员持股情况	40.44
	董监高持股价值与薪酬总额的比例	53.42
	是否实行员工持股	26.03

（七）公司治理50强特征分析

为揭示中小上市公司治理的最佳实践，我们以公司治理前50强为样本，分析这一代表性群体的治理特征。

我们先统计公司治理前50强企业所在的省市。

表1.3　　　　公司治理前50强公司所在省市分布

省市名称	企业家数	公司治理得分
湖北	1	78.50
福建	1	75.00
上海	5	74.10
安徽	2	74.00
广东	14	73.71
浙江	6	73.50
北京	9	73.33
江苏	6	73.25
江西	1	73.00
山东	3	73.00
河南	1	72.50
辽宁	1	72.50

从表1.3中可以看出，公司治理前50强中，来自广东的公司最多，达14家，北京其次，有9家。来自浙江和江苏的公司分别有6家，上海有4家公司入围。

我们再考察50强公司和非50强公司的总体得分差距以及各分部分得分差距。

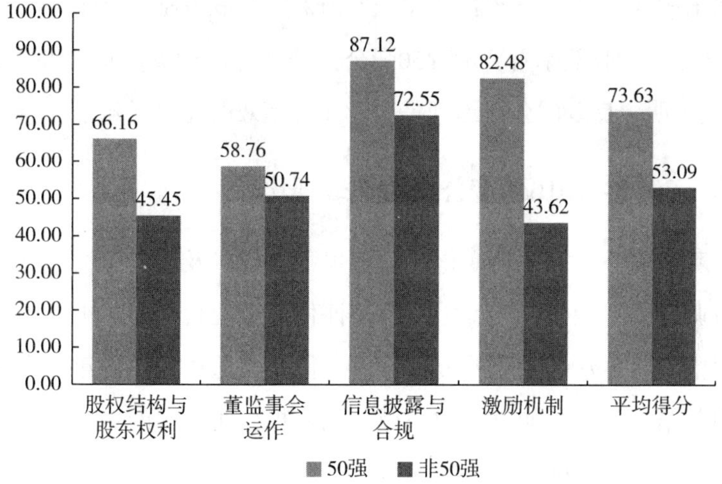

图1.8　50强公司和非50强公司各分部分得分比较

可以看出，50强公司和非50强公司公司治理水平的差距还是比较明显的。50强公司公司治理水平的平均值为73.63分，非50强公司公司治理水平的均值为53.09分。

从各部分评价指标来看，50强公司比非50强公司在股权结构和股东权利以及激励机制方面做得更好。而在董监事会运作以及信息披露方面，两类企业相差不大。

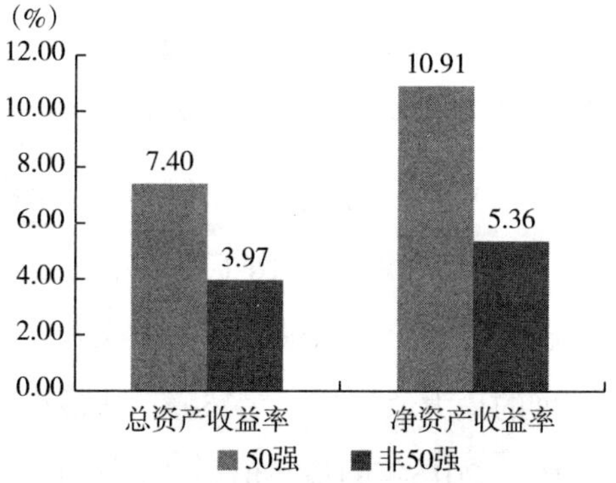

图1.9　50强公司与非50强公司的业绩对比

在经营绩效方面，我们发现，公司治理50强的公司在业绩上表现更优。公司治理50强的总资产收益率为7.40%，而非50强的营业收入增长率为3.97%。从净资产收益率看，治理50强公司分别达10.91%，而非50强公司仅为5.36%。这表明，良好的公司治理是企业实现绩效的充分保障。

（八）2014～2016年度公司治理表现比较

由于所评价公司样本的变化、监管规则变化以及我们评估指标和打分标准的相应调整，不能把各年度之间治理评估总分变化作为对中国中小板和创业板公司治理总体水平变化的准确计量。但是，通过比较各年度之间的得分水平和内部结构变化，能够对中小板、创业板公司治理的总体态势和改进方向做出一个大致的评判。

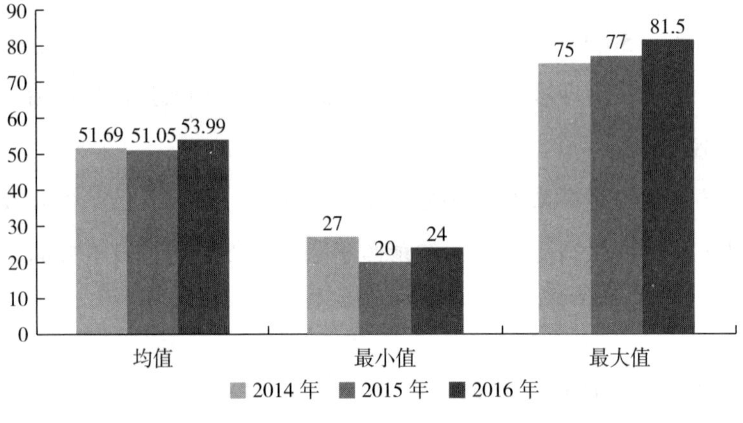

图1.10　2014～2016年度公司治理评价总体情况

从总体上看，2014～2016年度，中国中小板和创业板上市公司的治理改进程度不大。2014年度、2015年度和2016年度各年的公司治理评价平均得分分别为51.69分、51.05分和53.99分。从最大值情况来看，2016年度的最大值最高，为81.5分，2014年度的最大值最低，为75分。从最小值情况来看，2014年度的最小值最高，为27分，2015年的最小值最低，为20分。

我们再看各个分部分的得分情况。

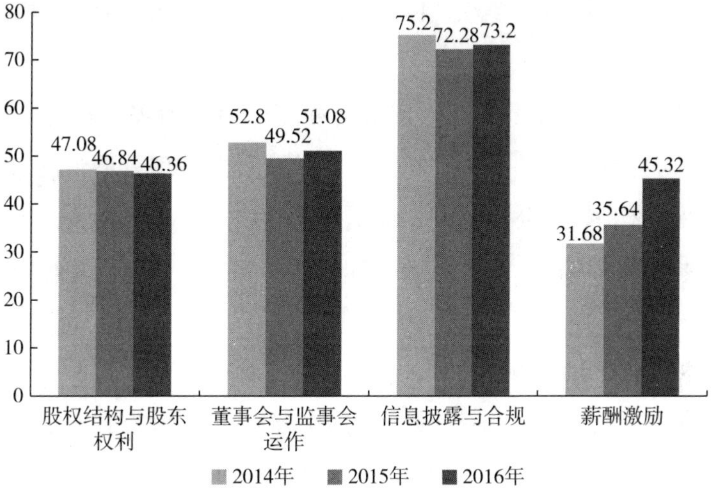

图1.11　公司治理四个方面在2014～2016年度的平均得分比较

2014～2016年度，信息披露与合规方面的得分一直最高，激励机制方面的得分一直最低，这一方面与监管部门、交易所转换监管思路有关，另一方面也与公司在自主改进内部治理方面的作为还很不足有关。自2011年来，证监会大力推行监管改革，重信息披露，轻审核审批，不再为上市公司的业绩背书，让市场判断上市公司的优劣。证监会和交易所分别推出多项关于信息披露的规定和措施，引导上市公司完善信息披露。对于激励机制，虽然一些上市公司推出了股权激励、员工持股计划，董监高持有一定股份，但是毕竟只是少数，还有很多公司未推出类似举措。股权结构与股东权利，董事会与监事会运作，这两个方面都是公司内部治理的基础和核心，三年来的治理评估得分一直居于50分左右的中间状态。

从各部分得分的变化情况来看，2014～2016年度，只有激励机制建设方面有明显的进步，其他各部分的建设进展缓慢，甚至在某些指标上还有些退步。这都反映了我国企业的公司治理建设仍然任重道远。

五、改进中国上市公司治理的若干思考

中小板和创业板公司没有主板上与国有控股公司有关的一些体制性的固

有问题，也因此曾被寄予厚望，但是实践表现不佳，我们的公司治理评估也没有发现多少亮点。

董事会和监事会流于形式，董事会和监事会的治理表现对公司业绩的影响也不大。这种现象的持续存在已经导致从公司管理人员到机构投资者普遍认为："什么是好的公司治理，业绩好才是好。"市场相关人士对改进公司治理的热情逐渐消退，从学者到监管层的各种改进公司治理呼吁，都被当作了一种没有实际作用的道德说教。中国上市公司对现代公司治理规范的一些不适应，甚至对有关监管的反感，与整个大环境有关。在证监会、交易所的监督和指导之下，上市公司还都能做到股东会、董事会和监事会等公司法定机关的形式上健全并运作，而在非上市公司，即使是在股东众多的股份有限公司中，从股东会到董事会和监事会等公司法定机关的形式上的健全和运作，都往往做不到，不遵守有关规则也没有人能及时出面纠正。

可以说，整个中国公司的治理改进已经陷入僵局，甚至是进入了一个死胡同。形成这种局面的根本原因还是中国公司法治基础和资本市场制度基础两个方面的扭曲和变态性安排：公司和资本市场，均有制度形式而无制度实质。

（一）改进和完善公司治理的法制基础

现代公司的发展，是独立法人概念得到突破的一个结果。几千年的传统社会里，只有皇家和皇帝能够有一种集体行为权。从特许公司里诞生出现代公司，公民可以自由组建公司，由公司代表其组成成员——股东的集体意志，是在传统社会里的居民个人和皇家皇帝之间创造出来了一个中间层集体组织，是公民结社自由和自治权利扩张的表现，整个社会的经济和文化活动都由此重构，进入现代法人社会时代。

公司治理的核心要义起源于法人独立，股东作为公司成员要在享有有限责任的同时，做出治理权力上的牺牲——股东个人财产和公司法人财产做出区分，股东个体权力要通过治理规则才能形成公司行动。法人独立性和股东有限责任内在地要求董事管理公司，董事承担法人行为不端的后果。中国在公司制企业发展100多年之后，开始引进公司，却还没有完全接受与公司有关的一些基础性理念。当前要真正改进中国公司治理，需要从法律上重构一些基础性的公司治理规则。

股份有限公司作为现代公司制度的核心，其宗旨是实现完全的资合，或者说实现作为公司股东的人资分离。作为股东、出资者完全就是资的角色，与个人能力无关，公司的管理交由董事和经理，股东或其他人出任公司董事或经理，不靠资，全靠人，靠能力。要使人、使能力走上公司管理舞台，就要在一定程度上限制资的力量，以防公司进入“大股东陷阱”即大股东能力不足又不愿意放权，控制一切，致使公司永远发展不起来的半死不活状态。中国今日之诸多公司，之所以既难以改进公司治理、规范董事会、引入职业经理人，也难以有效壮大和发展的原因就在于此。

为了促进公司股权分散、防止大股东及收购者操控公司，通过公司章程设置单一股东所能持有的最高投票权比例，是发达国家公司法普遍许可、一些国际化大公司（如雀巢限制在3%）经常采用的做法。

清《公司律》第100条规定，股东会“会议时有一股者得一议定之权（如一人有十股者即有十议决权，依次类推）。唯公司可预定章程，酌定一人十股以上议定之权之数（如定十股为一议定之权或二十股为一议定之权，依次类推）”。1912年的中华民国《公司条例》第145条明确规定，“公司各股东，每一股有一议决权，但一股东而有十一股以上者，其议决权之行使，得以章程限制之”。这是对清《公司律》第100条的继承。1904年的《公司律》和1912年的《公司条例》，准许公司通过章程自行设定对一人持有十股以上股份的表决权做出限制，具体是否限制及如何限制没有规定。1929年颁布的中华民国《公司法》则对大股东的表决权直接提出了硬性限制，“每股东之表决权及其代理他股东行使之表决权，合计不得超过全体股东表决权五分之一。”

中国现行公司法上的唯股东主权制度设计，致使董事会没有实质地位，夹在股东和经理之间难有作为。1904年的大清公司律就已经十分明确了公司的权力中心为董事，公司可以通过章程限制大股东的投票权，今天中国的公司却还普遍处在大股东一手遮天、其他皆是浮云的状态。100年前的中国公司法已经准许公司自行限制大股东的表决权，80年前的中国公司法已经明确限制大股东及其代理的投票权不得超过20%，可是今日中国之公司大股东以50%以上投票权牢固控制公司的还比比皆是。

2012年到2015年，中国中小板和创业板公司平均出席股东大会的股东代表人数，从14.43人增加到19.35人，增长了34%，反映出少数派股东参与公司治理的积极性有所提高。但是，2015年1137家中小板和创业板公司中，77.0%的公司第一大股东之外的全部股东出席年度股东大会的合计持股比例不超过出席股东大会股份比例的50%。也就是说，77%的公司第一大股东可以一票决定股东大会的投票结果。46.8%的公司第二大股东持股比例不到第一大股东持股比例的30%，根本构不成对第一大股东的制衡作用。机构投资者持股现象虽然比较普遍，只有3家公司没有机构投资者持股，但是机构投资者持股比例很低，42.0%的公司机构投资者持股比例不超过5%。44.8%的公司一年接待投资者次数不超过2次，也就不足为奇了。

在公司治理基础规则层面，中国急需废除对股东会、董事会和经理层之间进行分别列举式的职责规定，明确董事会中心主义的公司内部治理和授权原则，并由此给予公司更大的自治空间。对于有限责任，中国需要在公司注册上慎用和在公司运作上用好，而不是公司注册上随意滥用、公司运作上实际不用或没用。注册上采用有限责任公司，则必须遵守公司制企业的基础治理规则，也从而能够充分享用与有限责任相关的制度优越性（融资和破产）。

（二）改进和完善公司治理的金融和资本市场基础

现代公司是与现代股票市场同步发展和壮大起来的，是工业化、城市化、大规模经济建设所需要的大规模现代市场方式公司融资行为的结果。作为独立法人，公司就要遵守一些基础治理规则，这是公司获得独立法人权力和保护第三人（利害相关者，所有会受到公司法人行动影响的人）的需要。但是仅有这种需要，不足以推动现代公司如此蓬勃地发展和壮大起来。在有了独立法人的基础治理规则之后，同样内在于股东有限责任的公司组织的融资便利（股东之间无连带责任）和风险承担能力（公司破产股东损失有限），使公司能够集众人之力做大事，推动着公司的快速发展。

中国改革开放三十多年，从1994年引入公司制度也已经有20多年了，除一些国有垄断企业，还是少有现代大型公司，其基本原因不外乎基础治理规则和公司融资权利的双重不足。废除政府和国有系统的金融垄断权力，废除公司股票和债券发行等方面的审批制度，废除非上市公司股东人数的200人上限，建立自由资本市场，把公司股票融资和上市从特权变为权利。对于改进公司治理和推进公司发展，无论发行审批人员和监管人员多么专业、多么懂行，公司“跑会竞争”都不如在市场上直接面对投资者进行的“资本竞争”来得重要，也会更有实效。

中国到目前为止，从主板、中小板到创业板甚至新三板的所谓多层次资本市场，离真正的资本市场相距甚远，构成多层次表象的是一种“材质”——官府审批之下的融资特权资源分配体系。居民资金被牢牢捆在垄断性的少数几类金融中介之下，公司不通过这些垄断性金融中介、直接从居民手中融资属“非法集资”，是死罪。没有真正资本市场上的公开、公平的融资竞争，自然没有改进公司治理、善待投资者的市场压力。

尽管由于缺乏融资自由，良好公司治理不能带来更大融资空间和更低融资成本这一最直接好处，但是中国中小板和创业板公司已经展现出了一定程度上的良好公司治理与良好公司业绩之间的正向关系。现在最需要我们做的是，如何在保持股东参加股东大会和参与公司治理积极性的同时，努力增强董事会和监事会的独立性和积极性。通过重构并夯实公司基础规则和放开市场竞争（资本、经理人及产品等多个方面），让公司股东放心放手，让公司董事、监事和经理走上舞台，独立、积极并负责地管理、控制和发展壮大公司。

表1.4 2016年度中小板、创业板上市公司治理总体评价100强

评价排名	股票代码	公司简称	所属行业	所在省（市）
1	002572	索菲亚	制造业	广东
2	002236	大华股份	制造业	浙江
3	300054	鼎龙股份	制造业	湖北
4	300356	光一科技	制造业	江苏
5	300213	佳讯飞鸿	制造业	北京
6	002588	史丹利	制造业	山东
7	300017	网宿科技	信息传输、软件和信息技术服务业	上海
8	300286	安科瑞	制造业	上海
9	300269	联建光电	制造业	广东
10	300009	安科生物	制造业	安徽
11	300178	腾邦国际	租赁和商务服务业	广东
12	300188	美亚柏科	信息传输、软件和信息技术服务业	福建
13	300365	恒华科技	信息传输、软件和信息技术服务业	北京
14	002405	四维图新	信息传输、软件和信息技术服务业	北京
15	300199	翰宇药业	制造业	广东
16	002527	新时达	制造业	上海
17	300203	聚光科技	制造业	浙江
18	002054	德美化工	制造业	广东
19	002081	金螳螂	建筑业	江苏
20	002709	天赐材料	制造业	广东
21	300301	长方集团	制造业	广东
22	002157	正邦科技	制造业	江西
23	002230	科大讯飞	信息传输、软件和信息技术服务业	安徽
24	002519	银河电子	制造业	江苏
25	300010	立思辰	信息传输、软件和信息技术服务业	北京
26	300177	中海达	制造业	广东
27	002326	永太科技	制造业	浙江
28	002354	天神娱乐	信息传输、软件和信息技术服务业	辽宁
29	002415	海康威视	制造业	浙江
30	002528	英飞拓	制造业	广东
31	002609	捷顺科技	信息传输、软件和信息技术服务业	广东
32	300007	汉威电子	制造业	河南
33	300070	碧水源	水利、环境和公共设施管理业	北京

续表

评价排名	股票代码	公司简称	所属行业	所在省（市）
34	300170	汉得信息	信息传输、软件和信息技术服务业	上海
35	300284	苏交科	科学研究和技术服务业	江苏
36	300297	蓝盾股份	信息传输、软件和信息技术服务业	广东
37	300379	东方通	信息传输、软件和信息技术服务业	北京
38	002389	南洋科技	制造业	浙江
39	002707	众信旅游	租赁和商务服务业	北京
40	300222	科大智能	制造业	上海
41	300296	利亚德	制造业	北京
42	002024	苏宁云商	批发和零售业	江苏
43	002030	达安基因	制造业	广东
44	002063	远光软件	信息传输、软件和信息技术服务业	广东
45	002206	海利得	制造业	浙江
46	002327	富安娜	制造业	广东
47	002410	广联达	信息传输、软件和信息技术服务业	北京
48	002426	胜利精密	制造业	江苏
49	002554	惠博普	采矿业	北京
50	002635	安洁科技	制造业	江苏
51	300160	秀强股份	制造业	江苏
52	300183	东软载波	信息传输、软件和信息技术服务业	山东
53	300285	国瓷材料	制造业	山东
54	002003	伟星股份	制造业	浙江
55	002250	联化科技	制造业	浙江
56	002391	长青股份	制造业	江苏
57	002421	达实智能	信息传输、软件和信息技术服务业	广东
58	002587	奥拓电子	制造业	广东
59	300072	三聚环保	制造业	北京
60	300166	东方国信	信息传输、软件和信息技术服务业	北京
61	300267	尔康制药	制造业	湖南
62	300335	迪森股份	电力、热力、燃气及水生产和供应业	广东
63	002008	大族激光	制造业	广东
64	002279	久其软件	信息传输、软件和信息技术服务业	北京
65	002317	众生药业	制造业	广东
66	002339	积成电子	制造业	山东
67	002372	伟星新材	制造业	浙江

续表

评价排名	股票代码	公司简称	所属行业	所在省（市）
68	002458	益生股份	农、林、牧、渔业	山东
69	002563	森马服饰	制造业	浙江
70	300011	鼎汉技术	制造业	北京
71	300045	华力创通	制造业	北京
72	300049	福瑞股份	制造业	内蒙古
73	300347	泰格医药	卫生和社会工作	浙江
74	300362	天翔环境	制造业	四川
75	002117	东港股份	制造业	山东
76	002241	歌尔股份	制造业	山东
77	002567	唐人神	制造业	湖南
78	002573	清新环境	水利、环境和公共设施管理业	北京
79	300027	华谊兄弟	文化、体育和娱乐业	浙江
80	300036	超图软件	信息传输、软件和信息技术服务业	北京
81	300133	华策影视	文化、体育和娱乐业	浙江
82	002195	二三四五	信息传输、软件和信息技术服务业	上海
83	002225	濮耐股份	制造业	河南
84	002249	大洋电机	制造业	广东
85	002456	欧菲光	制造业	广东
86	002560	通达股份	制造业	河南
87	300131	英唐智控	批发和零售业	广东
88	300360	炬华科技	制造业	浙江
89	300367	东方网力	制造业	北京
90	002004	华邦健康	制造业	重庆
91	002089	新海宜	制造业	江苏
92	002131	利欧股份	信息传输、软件和信息技术服务业	浙江
93	300085	银之杰	信息传输、软件和信息技术服务业	广东
94	300119	瑞普生物	制造业	天津
95	300271	华宇软件	信息传输、软件和信息技术服务业	北京
96	002007	华兰生物	制造业	河南
97	002419	天虹商场	批发和零售业	广东
98	002596	海南瑞泽	制造业	海南
99	002601	佰利联	制造业	河南
100	300015	爱尔眼科	卫生和社会工作	湖南

表1.5　　基本统计数据（样本总体）——2013年

	最小值	最大值	均值
员工人数（人）	25.00	159440.00	2247.71
股本总数（万股）	4000.00	738304.32	34086.11
股东总数（个）	2450.00	395574.00	19694.27
资产总计（万元）	11893.30	46777300.00	327104.71
所有者权益（万元）	–456822.75	2870290.70	157420.01
营业总收入（万元）	2946.00	10529200.00	189092.44
利润总额（万元）	–492568.29	668585.30	15187.57
基本每股收益	–2.03	4.63	0.34
每股净资产（元）	–5.42	20.88	5.08
每股经营收入现金流（元）	–3.85	13.43	0.30
托宾Q	0.06	14.76	2.36
年个股回报率	–0.55	4.04	0.46
利润总额增长率	–567.26	160.66	–0.48
营业收入增长率	–0.65	10.60	0.19

表1.6　　基本统计数据（样本总体）——2014年

	最小值	最大值	均值
员工人数（人）	23.00	187028.00	2484.22
股本总数（万股）	4440.00	738304.32	41546.21
股东总数（个）	2834.00	311238.00	20878.84
资产总计（万元）	11877.50	55411300.00	391858.39
所有者权益（万元）	–65703.62	3416421.20	184475.78
营业总收入（万元）	1678.95	10892500.00	215683.21
利润总额（万元）	–181701.41	700689.20	17991.19
基本每股收益	–4.82	4.19	0.31
每股净资产（元）	–2.74	18.34	4.78
每股经营收入现金流（元）	–3.88	7.01	0.30
托宾Q	0.09	17.82	2.62
年个股回报率	–0.46	2.92	0.40
利润总额增长率	–73.27	128.41	0.05
营业收入增长率	–0.72	12.87	0.22

表1.7 基本统计数据（样本总体）——2015年

	最小值	最大值	均值
员工人数（人）	16.00	196026.00	2776.63
股本总数（万股）	4440.00	820000.00	57096.91
股东总数（个）	3873.00	660735.00	35256.74
资产总计（万元）	11087.95	71646500.00	496798.23
所有者权益（万元）	–525533.66	4988750.66	227243.74
营业总收入（万元）	692.49	13554800.00	241851.75
利润总额（万元）	–544794.75	1859446.62	21853.39
基本每股收益	–14.54	7.55	0.26
每股净资产（元）	–14.02	24.23	4.42
每股经营收入现金流（元）	–12.77	7.15	0.31
托宾Q	0.08	42.39	4.62
年个股回报率	–0.39	15.21	1.05
利润总额增长率	–65.56	597.61	0.24
营业收入增长率	–0.91	20.75	0.26

表1.8 基本统计数据（中小板）——2013年

	最小值	最大值	均值
员工人数（人）	25.00	159440.00	2853.61
股本总数（万股）	5950.00	738304.32	40481.19
股东总数（个）	4831.00	395574.00	23495.70
资产总计（万元）	11893.30	46777300.00	419004.60
所有者权益（万元）	–456822.75	2870290.70	184411.60
营业总收入（万元）	2946.00	10529200.00	250895.19
利润总额（万元）	–492568.29	668585.30	18298.04
基本每股收益	–2.03	4.63	0.34
每股净资产（元）	–5.42	20.88	4.95
每股经营收入现金流（元）	–3.85	13.43	0.34
托宾Q	0.06	14.76	2.01
年个股回报率	–0.55	3.89	0.34
利润总额增长率	–567.26	160.66	–0.71
营业收入增长率	–0.64	10.60	0.18

表1.9　　基本统计数据（中小板）——2014年

	最小值	最大值	均值
员工人数（人）	23.00	187028.00	3105.05
股本总数（万股）	6545.00	738304.32	47963.45
股东总数（个）	4087.00	311238.00	24523.12
资产总计（万元）	11877.50	55411300.00	495966.80
所有者权益（万元）	–65703.62	3416421.20	215548.59
营业总收入（万元）	1678.95	10892500.00	281265.25
利润总额（万元）	–181701.41	700689.20	21418.42
基本每股收益	–4.82	4.19	0.31
每股净资产（元）	–2.74	18.34	4.80
每股经营收入现金流（元）	–3.88	7.01	0.35
托宾Q	0.09	12.18	2.32
年个股回报率	–0.46	2.78	0.40
利润总额增长率	–73.27	128.41	–0.11
营业收入增长率	–0.72	12.87	0.18

表1.10　　基本统计数据（中小板）——2015年

	最小值	最大值	均值
员工人数（人）	16.00	196026.00	3461.26
股本总数（万股）	6545.00	820000.00	65616.21
股东总数（个）	4540.00	660735.00	41025.78
资产总计（万元）	11087.95	71646500.00	633017.42
所有者权益（万元）	–525533.66	4988750.66	265140.33
营业总收入（万元）	1651.02	13554800.00	314984.33
利润总额（万元）	–544794.75	1859446.62	26454.38
基本每股收益	–14.54	7.55	0.26
每股净资产（元）	–14.02	24.23	4.53
每股经营收入现金流（元）	–3.38	7.15	0.38
托宾Q	0.08	42.39	4.02
年个股回报率	–0.39	15.21	0.97
利润总额增长率	–65.56	597.61	0.38
营业收入增长率	–0.91	20.75	0.22

表1.11 基本统计数据（创业板）——2013年

	最小值	最大值	均值
员工人数（人）	101.00	6866.00	1056.38
股本总数（万股）	4000.00	120960.00	21458.10
股东总数（个）	2450.00	151794.00	12187.80
资产总计（万元）	31333.11	813272.72	145634.79
所有者权益（万元）	25292.28	512294.62	104121.14
营业总收入（万元）	4471.85	595376.54	67053.78
利润总额（万元）	−22321.31	106792.09	9045.48
基本每股收益	−1.40	2.14	0.35
每股净资产（元）	1.04	16.32	5.35
每股经营收入现金流（元）	−1.90	2.88	0.21
托宾Q	0.62	10.58	3.07
年个股回报率	−0.44	4.04	0.69
利润总额增长率	−37.21	57.18	−0.03
营业收入增长率	−0.65	1.21	0.22

表1.12 基本统计数据（创业板）——2014年

	最小值	最大值	均值
员工人数（人）	65.00	9877.00	1260.04
股本总数（万股）	4440.00	132748.15	28874.44
股东总数（个）	2834.00	112577.00	13682.68
资产总计（万元）	31487.91	1137017.31	186280.95
所有者权益（万元）	25701.87	645021.31	123117.91
营业总收入（万元）	5903.17	755711.02	86181.76
利润总额（万元）	−47613.64	127910.23	11223.60
基本每股收益	−1.99	1.88	0.32
每股净资产（元）	0.75	13.90	4.74
每股经营收入现金流（元）	−2.76	2.92	0.20
托宾Q	0.62	17.82	3.22
年个股回报率	−0.44	2.92	0.40
利润总额增长率	−12.26	38.63	0.37
营业收入增长率	−0.65	5.80	0.31

表1.13　　基本统计数据（创业板）——2015年

	最小值	最大值	均值
员工人数（人）	58.00	16654.00	1536.81
股本总数（万股）	4440.00	265837.74	41699.07
股东总数（个）	3873.00	179172.00	24829.75
资产总计（万元）	26612.09	2373347.57	250594.65
所有者权益（万元）	20502.11	1410973.77	158749.17
营业总收入（万元）	692.49	2135713.57	109671.39
利润总额（万元）	–88468.04	217092.63	13537.52
基本每股收益	–2.12	1.78	0.26
每股净资产（元）	0.98	14.00	4.23
每股经营收入现金流（元）	–12.77	3.00	0.18
托宾Q	0.99	24.94	5.69
年个股回报率	–0.16	6.62	1.18
利润总额增长率	–59.05	42.34	–0.01
营业收入增长率	–0.91	4.43	0.34

第二部分

2016年度公司治理评价分报告

分报告一
股权结构与股东权利

一、股权集中度水平较高

股权结构是公司治理结构的基础。不同的股权结构决定了不同的企业组织结构，从而决定了不同的企业治理结构，并会最终影响企业的行为和绩效。

（一）股权集中状况

首先我们考察企业的股权集中度状况。

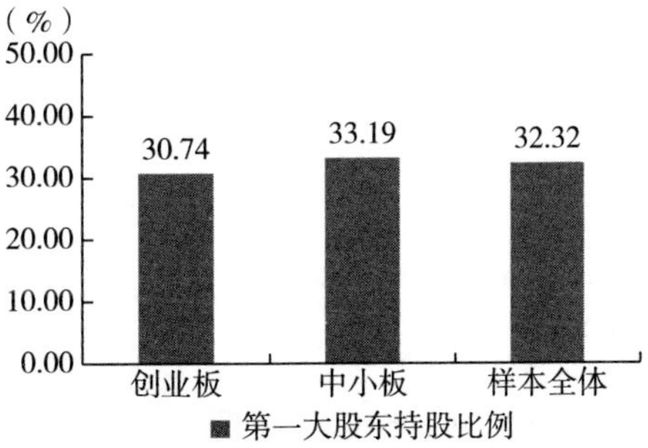

图2.1.1　样本企业第一大股东持股比例

执笔人：吴国鼎，中国社会科学院世界经济与政治研究所助理研究员。

从图2.1.1中可以看出，在股权集中度方面，2015年，创业板上市公司的第一大股东持股比例平均为30.74%，中小板上市公司第一大股东的平均持股比例为33.19%，创业板上市公司的第一大股东持股比例比中小板上市公司第一大股东持股比例稍低。

我们也统计了股权集中度在各区间的企业家数以及所占比例。

表2.1.1　　股权集中度在各区间的企业家数以及所占比例

第一大股东持股比例区间	企业家数（个）	所占比例（%）
x=<10%	12	1.06
10%<x=<20%	214	18.82
20%<x=<30%	319	28.06
30%<x=<40%	288	25.33
40%<x=<50%	180	15.83
50%<x=<60%	83	7.30
60%<x=<70%	35	3.08
x>70%	6	0.53
合计	1137	100.00

从表2.1.1中可以看出，第一大股东比例在20%～30%区间的企业家数最多，有319家，占样本企业总数的比例为28.06%，其次为30%～40%区间的企业家数，有288家，占样本企业总数的比例为25.33%。

当然，也有个别的第一大股东持股比例极低的公司。其中持股比例在10%以下的有12家，占比为1.06%。第一大股东持股比例最低的企业为积成电子（002339），持股比例为4.31%。虽然该企业第一大股东持股比例较低，但是我们不能完全以该比例来判断公司的股权集中程度。该公司为多个自然人共同形成实际控制人的企业。公司由杨志强、王浩等8人共同对企业实施控制，合计持股比例为28.71%。因此，严格来讲，用企业的第一大股东持股比例来衡量企业的股权集中度也不全面，有必要再进一步使用企业的实际控制人持有的上市公司的控制权比例和现金流权比例来衡量企业的股权集中度。

我们也比较最近四年中小板、创业板企业第一大股东持股比例的变化情况。

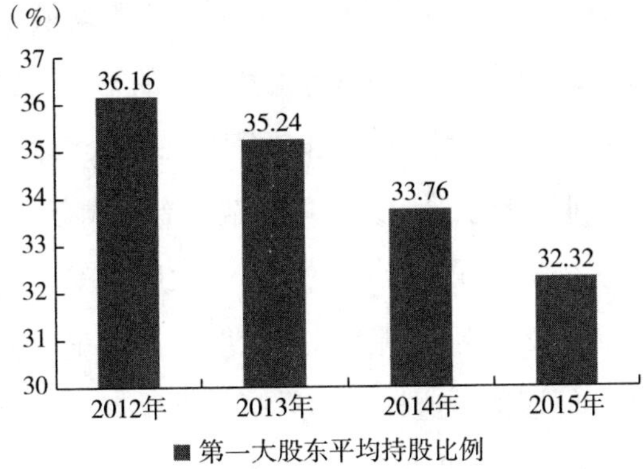

图2.1.2　2012～2015年企业第一大股东持股比例比较

从图2.1.2中可以看出，2012～2015年，样本公司第一大股东持股比例呈现逐年下降的趋势，从2012年的36.16%下降到2015年的32.32%。之所以出现这一现象，一方面和上市公司逐渐采取股权分散化措施有关，另一方面也是企业股权在资本市场中不断进行交易的反映。

（二）股权制衡度

所谓股权制衡度，是指公司主要股东之间制衡的程度。我们用第二大股东持股比例与第一大股东持股比例的比值来衡量股权制衡度。一个良好的股权制衡能够使得任何一个大股东无法单独进行决策和行动，它既保留了股权集中的优势，又有效地牵制了大股东对公司利益的侵占。

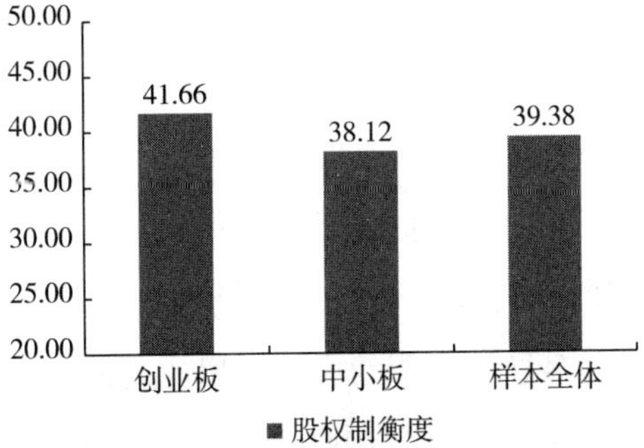

图2.1.3　样本公司股权制衡度状况

从图2.1.3可以看出，创业板公司的股权制衡度平均值为41.66%，中小板公司的股权制衡度平均值为38.12%，创业板公司的第二大股东对第一大股东的制衡程度要比中小板高，股权结构相对更加合理。当然，这也许和创业板公司大多数为民营企业，其主要股东采取分散持有形式有关。

我们看到有很多公司的第一大股东和第二大股东都属于企业的一致行动人，或者说是同为企业的实际控制人，那么第二大股东对第一大股东的制衡程度可能会轻一些。但即使是这样，如果第二大股东持有的股比例多一些，也会对第一大股东形成一定程度的制约。

（三）股权集中还是股权分散

一个上市公司，控股股东持股比例大好还是小好？对于这个问题，已经有很多人进行了研究，但仍存在不小的争议。我们分控股股东占公司股权比例大和比例小两种情况进行讨论。

控股股东持股比例小，有利之处是控股股东在公司经营中的决策权不至于太大，能够使企业的决策更加民主化，同时控股股东为了自己的利益而损害公司其他股东利益的情况会有所减轻。不利之处是如果控股股东持股比例太小，一方面在一定程度上会削弱控股股东对公司的控制权，从而使公司的经营偏离控股股东理想的发展轨道，这会使控股股东尤其是作为企业创始人的控股股东难以接受，另一方面，如果公司的管理层不是大股东而是职业经理人，那么就会出现所谓的内部人控制问题，公司股东对公司经理层的约束和监督程度就会有所削弱，这就增加了经理人损害股东利益的可能性。

控股股东持股比例很大，有利之处就是能够保证控股股东的意志在企业中得到贯彻，也会使企业的决策更加迅速。但是也可能会出现不利的一面，一是经营决策风险问题。控股股东持股比例越大，越容易出现控股股东独裁、一言堂的问题，这会导致企业的决策不民主，所做出的决策不科学，从而影响企业的发展。二是控股股东持股比例越大，则越会出现由控股股东做出的决策，进而是企业的决策，只是有利于大股东利益而对其他股东，尤其是小股东的利益有所损害的情况，这种情况在经济学上称为“隧道效应”。在现实情况下，尤其是在我国上市公司普遍一股独大，法规还不健全，企业公司治理机制还不完善的情况下，这种情况就很容易发生。

我们认为，股权分散是不可避免的趋势，也是公司永葆基业长青之道。原因在于：一是股权分散化是企业发展的必然结果。企业发展到一定阶段，单靠企业自身的积累，已很难满足企业经营的需要，这就需要对外股权融资，因此不可避免就会导致股权分散化。企业规模越大，对外融资会越多，企业股权会越分散，一股独大的现象也就不存在。二是企业股权分散化后，更多的股东进入企业，企业也就聚集了相关各方的人才以及资源，这自然就会对大股东起到制约作用，使企业经营决策更加民主，这对企业大股东也是有益的。从西方国家家族企业的发展历程来看，股权分散，所有权和经营权分离，也是企业发展的必然结果。在美国企业中，像IBM、微软、通用电气这样的跨国公司，大股东的持股比例都不到10%。就我国的一些优秀企业来看，华为的任正非、腾讯的马化腾、阿里的马云、京东的刘强东，也都不是企业的第一大股东。

理论上公司股权应该分散，但是在中国现阶段，股权的适度集中则是有必要的。一是我国的资本市场发展尚不成熟，还有一些不完善的地方。在这种情况下，各类来路不明的资本可能就是在资本市场上进行运作，从而获得对企业的控股权。二是中国现阶段的法律环境、信用环境、职业经理人市场、企业发展阶段等尚不成熟。在这种情况下，如果企业股权分散，企业原有大股东的利益可能就会受到损害。这两方面的原因就导致了现阶段企业控制人仍倾向于控制企业，不愿意分散股权。

中国现阶段因股权分散而导致企业控股股东发生变更的案例比比皆是。在A股市场同股同权的原则下，股份持有越多意味着其个人意志对公司的决策更有话语权。因此资本更愿意通过购买股份来获得对公司的控股权。从已发生控制权争夺的公司来看，基本上都是股权分散以及没有实际控制人的公司。如已经发生企业第一大股东变更的万科、南玻A等。我国上市公司中股权分散、没有实际控制人的公司并不鲜见。统计数据显示，样本公司中共有49家公司无实际控制人，有12家公司的第一股东持股比例小于10%。一般来说，对于股权分散，没有实际控制人的公司，如果公司治理结构规范，这一因素并不影响公司的正常运营与发展。不过，一旦这类公司陷入股权争夺战，再加上公司治理结构不完善，则公司的发展和价值就会受到影响。

当然，公司实际控制人如果不想失去对公司的控制权，就需要提前采取措施，构筑控制权的护城河。而一旦采取的措施不到位，被资本看到机会，则企业的控制权就有可能易主。

A股目前仍是一个“资本为王”的市场。在法律框架下的资本购买公司股票进而控制公司的行为本身是一个利用规则的正常商业行为。但是我们看到，企业控制权的变化，公司股东之间的争斗，可能会对公司的正常经营造成影响。发生股权争斗的公司，公司的发展方向，高管团队的组成往往会带有不确定性，这就会使高管无所适从，或者被迫站队，从而影响了企业的正常经营。

二、公司股东权利保护状况尚需改善

股东权利也是衡量企业公司治理状况的一个重要方面。良好的公司治理应该保护中小股东的利益不受到侵害，同时也应该从制度上保证中小股东能够充分行使其权利。大股东除了股东大会外，还可以通过董事会等机构来行使权利，保证其利益，而中小股东行使权力的主要途径就是参加股东大会或者对公司经营以及其他情况的日常咨询或者监督。

（一）公司股东权利保护概况

我们用三个指标来衡量公司股东参加股东大会以及日常对公司事务的咨询或监督情况。

第一个指标是年度股东大会出席会议的股东及股东代表个数。出席股东大会的股东人数的多少，至少能从表面上反映出中小股东参与股东大会的情况。

第二个指标是股东大会的中小股东出席股份比例。这一比例我们用“出席大会的股份比例-第一大股东持股比例）/出席大会的股份比例”来表示。这一比例越大，说明中小股东在股东大会中就越有发言权。

第三个指标是公司的投资者接待活动状况。公司良好的投资者关系管理能够加强公司与投资者之间的沟通，弥补公司法定公告信息之不足，使投资者及时、准确、全面地了解公司的基本面状况以及公司的未来经营战略，从而有利于投资者对自己权利的维护。我们用公司接待投资者活动的次数作为衡量这一问题的指标。

当然，股东权利的其他方面也很重要，如公司是否在股东大会投票中实行关联股东回避制度，持有一定比例股份的股东有提案权制度等等。只有制定了保护中小股东行使权利的制度并且得到很好的贯彻执行，才能保证中小股东能够行使其权利，使其利益不会受到侵害。

统计表明，样本企业2016年度年参加股东大会的股东人数平均为19人，人数最少的为1人，人数最多的为438人。

表2.1.2　　样本公司股东大会出席股东人数分布表

参加股东大会人数区间	企业家数（个）	所占比例（%）
n=1人	3	0.26
2人=<n=<5人	131	11.52
6人=<n=<10人	329	28.94
11人=<n=<20人	371	32.63
21人=<n=<100人	287	25.24
n>100人	16	1.41
合计	1137	100.00

从表2.1.2中可以看出，样本企业中参加2016年度股东大会的股东人数主要分布在11～20人的分布区间，其中有16家企业的股东大会有超过100个股东参加。出席人数最多的有438人，为巨轮智能（002031）。该公司2015年股东大会中参加现场投票的股东及股东代表共17人，代表公司有表决权股份占公司股份总数的33.94%；通过网络投票的股东共421人，代表公司有表决权股份占公司股份总数的1.15%；参加投票的中小投资者（除单独或合计持有公

司5%以上股份及董事、监事、高管以外的股东）共426人，代表公司有表决权股份占公司股份总数的6.14%。其次为光迅科技（002231），参加该公司2015年股东大会的股东人数为327人，出席本次会议的股东及股东代表共327人，其中出席现场会议的股东及股东代表4人，参加网络投票的股东323人。

有3家企业的2016年度股东大会仅有1人参加。这三家企业分别为凯恩股份（002012）、佛慈制药（002644）和易世达（300125）。这三家企业也都实行了现场投票和网络投票相结合，但是却仍只有1人参加股东大会，其中的原因值得反思。如果只实行现场投票，由于公司地处偏远地区等原因导致到会的股东人数少，情有可原。可是既然已经实行了网络投票，还只有1人或区区几人参加投票，说明股东大会中小股东参与的积极性不高。

部分企业股东大会参与人数多说明这些企业的股东大会已经具有一定的代表性，能在一定程度上反映大股东和小股东的意愿。部分企业股东大会参与人数少说明这些企业的股东大会仍然是走形式。有1个人或几个人参加的股东大会无论怎么说都不能真正称得上是具有广泛代表性的股东大会，那么小股东权利的保护也就无从谈起。

我们也比较了近四年的股东大会出席人数情况。

表2.1.3　　2012～2015年企业股东大会出席人数状况

年份	均值	最大值	最小值
2012	14	414	1
2013	15	414	1
2014	23	566	1
2015	19	438	1

从表2.1.3中可以看出，企业股东大会平均出席人数在2014年和2015年有所上升。这一方面反映了股东参加股东大会的意愿上升，另一方面也是监管部门采取措施要求企业采取网络投票等更有利于股东参会的形式有关。

参与股东大会的中小股东股份比例平均为32.38%。这一比例具体分布见表2.1.4。

表2.1.4　　参与股东大会的中小股东出席股份比例分布表

参加股东大会小股东股份区间	企业家数（个）	所占比例（%）
x<10%	205	18.03
10%=<x<20%	155	13.63
20%=<x<25%	81	7.12
25%=<x<1/3	137	12.05
1/3=<x<50%	298	26.21
n>=50%	261	22.96
合计	1137	100.00

从表2.1.4中可以看出，参与股东大会的中小股东股份比例大于1/3的企业占大多数，其中比例大于50%的只占22.96%。

从另一个角度来看，样本数据中，该比例的中位数是32.77%，四分之三分位数是49.01%，最大值是86.71%。中位数仅为32.77%，表明有一半的公司股东大会上第一大股东之外的所有参会股东投票权合计也没有达到参会总投票权数量的三分之一，尚不足以否决需要三分之二以上投票权赞同的股东大会特别决议，更别说只需过半数通过的股东大会普通决议了，这一半的公司股东大会上，第一大股东完全可以一言堂。四分之三分位数是49.01%，则表明在75%的公司股东大会上，即使第一大股东之外的所有参会股东一致投票反对，第一大股东也可以以其一票赞同通过所有的股东大会普通决议。也就是说，即使所有参会的非第一大股东都联合起来一致行动，能够在需要三分之二以上投票权通过的股东大会特别决议上有决定性影响的公司数量也不到一半，能够在需要过半数投票权通过的股东大会普通决议上有决定性影响的公司数量更是不到四分之一。

但是我们要考虑我国上市公司尤其是创业板上市公司的一种特殊现象，那就是家族企业或者由创业团队合伙组建的企业占大多数。在这些企业中，实际控制人为几个大股东，这些股东要么为同一家族，要么是创业伙伴，其利益是一致的。因而从实际控制人的角度来看，参与股东大会的中小股东股份要更小一些。即使在这种情况下，我们仍然看到，这一比例低于20%的公司仍然有360家，占样本企业总数的31.66%。对这些企业来讲，小股东除了寄希望于大股东自律以外，在主动行使自己权利保护自己利益方面几乎毫无机会。

因此，总的来看，现阶段我国上市企业股东大会中小股东的势力还是很小的，保护小股东权益任重道远。

我们在统计中发现，有些企业出席股东大会的股份比例要小于第一大股东持股比例。有34家企业的出席股东大会的股份比例小于公司的第一大股东持股比例。这导致参与股东大会的中小股东股份比例为负。典型的例子如永达集团（002622）。其股东大会中股东出席的总体情况为：通过现场和网络投票的股东4人，代表股份占上市公司总股份的0.16%。其中，通过现场投票的股东1人，代表股份占上市公司总股份的0.13%，通过网络投票的股东3人，代表股份占上市公司总股份的0.03%。另外，积成电子（002339）的这一指标最高，为86.71%，主要是由于该公司的第一大股东持股比例太低，仅为4.31%。

统计数据显示，样本企业中接待投资者的次数平均为4.79次。这一数值是很小的，企业选择上市，众多的投资者就是其股东，公司有义务让股东了解公司经营状况。投资者活动次数具体分布见表2.1.5。

表2.1.5　　2016年度样本企业投资者活动次数分布表

投资者活动次数区间	企业家数（个）	所占比例（%）
x=0	190	16.71
0<x=<2	319	28.06
3=<x=<5	277	24.36
6=<x=<9	194	17.06
10=<x=<14	82	7.21
x>=15	75	6.60
合计	1137	100.00

从表2.1.5中可以看出，投资者活动次数为0的企业有190家，投资者活动次数为1～2次的有319家。这两部分企业占样本企业总数的44.77%，这说明我国上市公司对于投资者活动是很不重视的。这也反映了我国股市中的一种不正常现象：公司上市的主要目的就是从资本市场上募集资金，至于怎么为投资者服务，怎么回报投资者，则是上市公司很少考虑的事情。此外，我们可

看到，一些企业的投资者活动做得就比较好，投资者活动大于15次的企业有75家，其中次数最多的公司一年接待投资者来访49次。

我们也比较了近四年的投资者活动次数情况。

表2.1.6 2012～2015年企业投资者活动情况比较

年份	均值	最大值	最小值
2012	2.59	34	0
2013	5.97	84	0
2014	5.92	69	0
2015	4.79	49	0

从表2.1.6中可以看出，2012～2015年，样本企业的投资者活动次数并没有明显变化，2015年还有所下降。

（二）如何提高中小股东股东大会参与权

1. 股东大会中的不正常现象

法律赋予了小股东通过股东大会表达自己意见、捍卫自己利益的权利。按理说，公司应该公平对待自己的股东，为小股东顺利参会创造条件。但是在现实的股东大会中，却存在着种种不正常现象。有些公司故意把开会地点安排在很偏远的地方；有些公司把开会地点安排在收取门票的风景名胜区；有些公司则在会议进程中不安排股东自由提问的时间，回答问题也是有选择地回答；有些公司为了避免小股东进行联合甚至屏蔽会场通信信号或者安排保安进行跟踪等等。如于2015年7月29日召开的康达尔的2015年度股东大会，则被一位与会的股东称为“这是我见过的最混乱的股东大会了”。会议进行过程中，投资者与公司方多次发生争执，导致会议多次中断。股东大会到了投票环节时，股东大会确认登记和进行过程中，有部分中小股东不满“没有投票权”，与康达尔公司人员发生冲突。公司的解释是，因部分小股东不愿提供身份证复印件，未能核实对方身份，因此未让他们参与表决。此后，个别中小股东在现场打出早已准备好的横幅，会场秩序一度陷入混乱，股东大会几度被中止。混乱之中，中小股东和康达尔工作人员均声称被对方打伤。

由于这些不正常现象的存在，使很多公司的股东大会流于形式，小股东的意见得不到重视，小股东的权利也得不到有效保护。其实，既然公司已经上市，小股东就拥有了公司的部分所有权，因此公司既有责任也有义务来保护小股东的利益。

2. 什么样的股东大会才能保护小股东权益

（1）为股东大会的召开创造条件

股东大会的召开首先是要考虑股东参会的便利性，要有利于股东节约时间和费用。需要利用股东大量时间以及花费不菲的股东大会，无论如何也不会是一个能真正考虑小股东权利的股东大会。因此公司需要把股东大会地点安排在交通方便的地方，而且尽可能地为股东参会提供便利。如凯恩股份（002012）的2015年股东大会参会者包括网络投资者在内只有1人，参加人数少的一个原因就是该公司地处浙江偏远小县遂昌，鲜有个人投资者专程赶来参加公司的股东大会。

（2）加强保护中小股东利益的制度建设

要维护小股东权益，还要加强制度建设，让小股东权益的保护得到制度保证。随着制度的建设，比如网络投票、关联方回避表决和累计投票制度，以及股东大会特别决议中需经出席会议的中小股东所持表决权的三分之二以上通过等一系列制度设置，使得公司中小股东开始具有越来越多的话语权，以往大股东“一言堂”的格局正被打破。

利用大股东回避条款来对抗大股东，就是中小股东维护自己权利的有效途径。在A股市场上，有些公司的小股东正是凭借关联股东需回避投票的机会，纷纷对大股东提议的方案“说不”。以山东路桥为例，该公司在2016年6月17日召开临时股东大会审议定增等议案时，出席现场会议的股东只有2人，合计持有上市公司68.38%的股份，通过网络投票的中小股东188人，代表公司总股份的1.34%。但由于大股东山东高速集团和关联股东山东高速投资公司需回避表决，中小股东投票中有621.97万股投出了反对票，占出席会议股东有表决权股份总数的41.51%，导致议案未获2/3以上通过。也就是说，尚不及山东路桥11.2亿股总股本百分之一的反对票，就可以否决上市公司大股东及公司管理层筹划已久的非公开发行方案。这充分体现了关联股东回避条款对于中小股东的保护作用。

联合起来进行投票也是中小股东维护自己权益的有效途径。比较典型的是格力收购银隆方案被股东大会否决事件。根据2016年10月30日晚间格力电器发布的公告，在公司此次提交股东大会审议的26项议案中，最终有15项议案未能获得股东大会的通过。另外，在此次未通过股东大会的议案中，中小投资者的态度起到了决定性的作用。如《关于公司本次发行股份购买资产并募集配套资金暨关联交易符合法律、法规规定的议案》，该项议案获得的反对票和弃权票分别为6.2亿股和4.44亿股。而根据会议统计，中小投资者对该项议案投出的反对票和弃权票也分别为6.2亿股和4.44亿股。这就充分体现了中小股东“抱团取暖”的力量。

中小股东行使手中的权力，否决上市公司的相关议案，一方面，体现了其维护自己权益，参与上市公司治理的股东意识，这同时也提升了上市公司的治理水平。另一方面，这也是对上市公司大股东的警示。如果公司大股东漠视、不尊重中小股东的权益，中小股东就会采取有效的手段对其进行抗争，反过来会影响大股东的整体计划，造成得不偿失的后果。

三、机构投资者应该在公司治理中发挥更大作用

随着我国机构投资者的发展，以基金为主的机构投资者越来越多地持有上市公司的股份，成为上市公司的股东。一个合格的机构投资者一方面能够利用自己的专业知识，通过参与公司董事会或者给公司经营发展提供咨询建议，另一方面其作为公司股东，能够凭借所持有的股权份额通过参加公司董事会或者通过股东大会行使作为公司股东的权利，从而能够改善公司的公司治理，影响公司的经营决策，提高公司的经营绩效。

（一）机构投资者持股状况分析

我们首先对样本公司2015年的机构投资者持股情况进行分析。从总体上看，样本公司机构投资者持股比例平均为9.98%。我们也分别对中小板和创业板公司机构投资者持股情况进行了统计。

表2.1.7　创业板和中小板上市公司中机构投资者持股比例

	板块	企业家数（个）	最小值（%）	最大值（%）	平均值（%）
机构投资者持股比例	中小板	732	0	58.08	8.70
	创业板	405	0	56.27	12.28

从表2.1.7中可以看出，创业板上市公司中的机构投资者持股比例平均为12.28%，要比中小板上市公司平均为8.70%的比例高。这是由于创业板上市公司发展历史较短且股权结构相对较为简单，机构投资者进入比较容易而且机构投资者在近几年发展较快。我们也统计了机构投资者持股比例的各区间分布情况，见表2.1.8。

表2.1.8　机构投资者持股比例各区间分布情况

机构投资者持股比例区间	企业家数（个）	所占比例（%）
x=0%	3	0.26
0%<x=<10%	707	62.18
10%<x=<30%	367	32.28
30%<x=<50%	55	4.84
x>50%	5	0.44
合计	1137	100.00

从表2.1.8中可以看出，大部分企业中的机构投资者持股比例在30%以下。其中没有机构投资者持股的企业有3家，占样本企业总数的0.26%；机构投资者持股比例低于10%的有707家，占样本企业总数的62.45%；机构投资者持股比例在10%～30%的有367家，占样本企业总数的32.28%，而机构投资者持股比例超过50%的企业只有5家，占样本企业总数的0.44%。这和美国等资本市场成熟的国家很不相同，在西方成熟资本市场，机构投资者持股市值占总市值比例基本都在60%以上。

我们也比较了近四年的机构投资者持股情况。

表2.1.9　　2012 ~ 2015年样本公司机构投资者持股状况

年份	均值	最大值	最小值
2012	10.18	76.79	0
2013	9.79	77.52	0
2014	9.23	88.26	0
2015	9.98	58.08	0

从表2.1.9中可以看出，2012 ~ 2015年，样本公司机构投资者持股比例并没有明显变化，甚至比2012年还都有所下降。这都说明我国需进一步发展机构投资者，让更多的机构投资者进入资本市场。

（二）机构投资者应该深度参与公司经营吗

机构投资者可以简单分为两类，一类是战略投资者，这类机构投资企业的目的是为了获得企业的长期受益。这一类企业一般会参加企业的董事会等决策机构，其对公司的经营参与程度比较深。另一类机构投资者主要是证券二级市场上的投资者，其购买公司的股权主要是为了获得股票的转让收益，各种类型的投资基金就是这类机构投资者的代表。这类机构一般不参与企业的董事会等决策机构，其主要通过在二级市场上抛售股票等对企业的生产经营产生压力。机构投资者参与公司治理对企业来说有两面性。一方面，机构投资者参与公司治理可以促进企业公司治理的改善，进而促进企业经营绩效的提高；但另一方面，机构投资者可能会破坏公司正常的公司治理，给公司的经营带来影响。因为机构投资者可能追求的是资本市场的资本利得，而不是企业经营收益。而对于试图干预企业经营的机构来说，对企业的负面影响可能会更大。因为机构投资者更擅长的是资本运营，而不是经营企业，其对企业所在的行业也不熟悉，让其参与经营会破坏企业的正常发展。

市场上因为机构投资者干预企业经营，造成企业经营滑坡的事例并不鲜见。一些公司治理良好，经营绩效好的企业，在机构投资者的干预下，良好的公司治理被破坏，公司绩效出现滑坡。

万科就是一个典型的例子，万科坚持股权分散化，在公司治理方面做得也很成功，甚至被称为中国公司治理的典范。但是却发生了股权争夺事件，乃至发展到企业第一大股东提议召开临时股东大会罢免万科董事会的局面。虽然该提案没有通过，但这不可避免会影响到企业高管以及员工的心态，也就会影响到企业的经营。

除万科外，最近发生的南玻A高管集体出走也是一个典型的例子。南玻集团是一家股权相对分散的公司，各方持股比例都在个位数，这让寻找市场机会的“宝能系”觅得机会。截至2016年第三季度末，前海人寿及其一致行动人所持南玻股份已达25.77%，曾经的大股东北方工业持股已降至2.31%。由于资本方、管理方在经营理念上和企业运作法则上存在分歧，2016年11月15日，中国南玻集团股份有限公司创始人曾南及首席执行官吴国斌、财务总监罗友明等7名高管正式辞职，截至11月17日，南玻近一年离职高管多达15人。在宝能举牌之前，南玻始终认为其高度分散的股权结构避免了一股独大，大股东侵蚀上市公司利益、掏空上市公司现象，有助于公司建立现代化治理结构。而正是在这一良好的治理框架下，南玻A取得了良好的经营业绩。南玻为全国领先的玻璃深加工龙头企业，具有行业领导地位。但是这么一家优秀的公司，却被资本认为发展太慢，不如资本运作。在资本面前，企业原有高管无能为力，只能离开。

近期发生的上海家化事件也值得思考。2016年11月26日，上海家化称该公司董事长谢文坚因个人原因申请辞去公司董事长等职务。接着，11月28日，上海家化前董事长于凌晨在其个人微博突发长文，指责谢文坚用三年时间掏空上海家化，并向媒体表示要以个人名义举报谢文坚。上海家化在经历了最初的控制权之争后，2013年平安集团正式入主上海家化。公司原董事长葛文耀退休后，由平安大力举荐的谢文坚担任董事长。作为平安集团任命的董事长，谢文坚执掌上海家化三年时间，却导致了上海家化企业衰退和股价的下滑。对此，多家机构都认为，上海家化之所以变成现在这样，归根到底是管理者决策上的失误。显然，事实证明中国平安大力举荐的谢文坚并不能使上海家化的发展更上一层楼，甚至还拖了它发展的后腿。

这都说明，股东积极参与公司经营在中国存在水土不服的问题，中国的法律环境、资本市场的成熟程度等都导致了股东的这些积极行为容易变形，成为机构投资者借壳、炒作、控制企业进行运作或者炒高股价获取投资收益的手段。当然我们不能区分资本的善与恶。只要是在规则允许下的行为，都不应该受到谴责。但是我们认为，机构投资者还是不应该过多地参与所投资公司的经营管理和决策过程。机构投资者再专业、再努力，也不可能像上市公司的大股东和管理层那样深入地了解一个产业，了解企业的实际经营状况。因此，施加外来的干涉有可能会起到适得其反的效果。

这种现象的发生，从小的方面来说，会影响到企业的经营，影响到企业的其他投资者，从大的方面说，会影响到整个国家的经济发展。一是会影响到实业的发展。一个国家的基础在于实业。做实业人的把企业辛苦做起来，却在资本面前一败涂地，这不但影响了企业的经营，也动摇了其他人从事实业的信心。长期下去，就会影响到国家发展的根基。二是会对一些本来有意愿进入资本市场的企业对资本市场望而却步。这一方面会阻碍企业的发展，影响整个资本市场的发展，另一方面会阻碍中国公司治理的改进。

因此，这种状况有必要引起监管层足够的警惕。一是要对机构投资者的资金来源进行限制。现在机构举牌公司的资金多是充分利用资管计划、股权质押等杠杆工具进行融资获得的资金。机构往往过度使用杠杆，或者存在一些违规使用资金的行为。这就需要严格规范和限制。二是要打击那些进行市场操作，扰乱市场秩序的行为。操纵市场行为严重破坏了资本市场“公开、公平、公正”的原则，严重影响市场秩序。随着我国资本市场的发展逐步加快，越来越多的金融工具、交易方式开始出现，一些新型的操纵市场行为也逐步出现，这就对监管层打击这类行为提出了更高的要求。另外，需要看到的一点是，对于新型市场操纵行为，当前还缺乏认定的标准。所以建议相关制度完善的步伐一定要加快。要对于证券市场操纵行为给出一个标准，从而实现准确的认定并予以处罚，这样既能及时打击违法者，也能增强投资者对市场的信心。

表2.1.11 “股权结构与股东权利”评价得分100强

排名	股票代码	公司简称	股权结构与股东权利得分	股东大会出席会议的股东及股东代表个数	投资者活动次数	股权制衡度（%）	股东大会的中小股东股份比例（%）	机构投资者持股比例（%）
1	002202	金风科技	22.0	35	49	75.37	59.85	23.48
2	002253	川大智胜	22.0	40	15	80.34	73.09	24.18
3	300054	鼎龙股份	22.0	102	7	100.00	66.70	29.71
4	300378	鼎捷软件	22.0	28	8	94.92	65.80	40.37
5	002081	金螳螂	21.0	31	16	97.25	51.99	6.19
6	002572	索菲亚	21.0	79	9	79.06	58.27	49.37
7	002736	国信证券	21.0	40	13	75.01	57.97	25.95
8	300199	翰宇药业	21.0	17	20	76.29	56.37	21.59
9	300363	博腾股份	21.0	14	21	76.61	63.85	29.12
10	002030	达安基因	20.0	32	6	90.20	59.25	13.10
11	002157	正邦科技	20.0	13	8	94.17	52.01	25.93
12	002206	海利得	20.0	63	18	65.43	55.80	10.04
13	002216	三全食品	20.0	12	18	94.56	72.96	6.40
14	002488	金固股份	20.0	8	21	89.93	57.22	27.51
15	002510	天汽模	20.0	36	7	76.74	76.33	24.35
16	300049	福瑞股份	20.0	15	14	82.76	61.19	20.13
17	300217	东方电热	20.0	41	10	82.83	66.66	11.10
18	300365	恒华科技	20.0	20	16	66.40	76.44	29.98
19	002063	远光软件	19.0	13	19	54.26	59.76	12.98
20	002131	利欧股份	19.0	29	6	79.09	48.11	29.55

续表

排名	股票代码	公司简称	股权结构与股东权利得分	股东大会出席会议的股东及股东代表个数	投资者活动次数	股权制衡度（%）	股东大会的中小股东股份比例（%）	机构投资者持股比例（%）
21	002142	宁波银行	19.0	24	10	70.94	72.19	18.83
22	002229	鸿博股份	19.0	15	15	68.38	56.18	13.78
23	002326	永太科技	19.0	30	14	77.97	51.75	6.68
24	002431	棕榈股份	19.0	38	10	88.36	72.64	8.78
25	002550	千红制药	19.0	45	10	50.00	56.89	11.83
26	002594	比亚迪	19.0	82	31	74.41	44.11	10.28
27	002637	赞宇科技	19.0	29	28	54.05	69.74	5.86
28	002686	亿利达	19.0	7	15	100.00	62.18	9.13
29	002727	一心堂	19.0	14	19	54.43	47.02	24.87
30	300004	南风股份	19.0	10	25	88.68	72.10	13.23
31	300011	鼎汉技术	19.0	90	7	78.64	62.24	13.28
32	300016	北陆药业	19.0	20	13	56.23	43.61	32.26
33	300018	中元股份	19.0	17	7	85.01	78.19	26.01
34	300058	蓝色光标	19.0	104	3	88.01	83.97	11.89
35	300070	碧水源	19.0	64	3	64.30	63.23	31.19
36	300218	安利股份	19.0	26	20	58.88	63.24	6.87
37	300236	上海新阳	19.0	15	20	80.69	64.23	7.96
38	300287	飞利信	19.0	24	10	43.48	56.30	21.00
39	300297	蓝盾股份	19.0	8	15	99.40	64.00	6.04
40	300336	新文化	19.0	37	4	91.49	57.53	19.23

续表

排名	股票代码	公司简称	股权结构与股东权利得分	股东大会出席会议的股东及股东代表个数	投资者活动次数	股权制衡度（%）	股东大会的中小股东股份比例（%）	机构投资者持股比例（%）
41	300389	艾比森	19.0	6	27	75.01	64.00	13.42
42	002024	苏宁云商	18.0	59	42	55.22	51.52	2.43
43	002035	华帝股份	18.0	37	9	80.60	45.09	17.65
44	002038	双鹭药业	18.0	37	4	93.53	50.08	6.79
45	002045	国光电器	18.0	28	14	36.61	55.38	14.69
46	002070	众和股份	18.0	283	6	90.19	49.55	4.73
47	002124	天邦股份	18.0	23	4	60.28	41.28	35.32
48	002133	广宇集团	18.0	17	27	54.97	47.24	15.30
49	002158	汉钟精机	18.0	20	18	92.21	48.14	1.52
50	002230	科大讯飞	18.0	27	6	58.65	59.30	14.59
51	002236	大华股份	18.0	78	33	16.17	34.93	25.83
52	002279	久其软件	18.0	16	8	63.26	62.22	22.64
53	002282	博深工具	18.0	23	9	95.23	77.33	1.30
54	002398	建研集团	18.0	37	26	25.79	57.19	11.36
55	002399	海普瑞	18.0	26	10	86.09	52.39	2.57
56	002405	四维图新	18.0	51	4	89.62	52.50	13.31
57	002515	金字火腿	18.0	22	7	91.94	63.96	0.60
58	002519	银河电子	18.0	28	15	36.11	42.50	11.12
59	002563	森马服饰	18.0	26	13	77.54	77.92	4.34
60	002616	长青集团	18.0	17	4	92.80	64.05	14.36

续表

排名	股票代码	公司简称	股权结构与股东权利得分	股东大会出席会议的股东及股东代表个数	投资者活动次数	股权制衡度（%）	股东大会的中小股东股份比例（%）	机构投资者持股比例（%）
61	002643	万润股份	18.0	19	15	54.60	60.07	5.72
62	300026	红日药业	18.0	22	4	86.02	59.02	12.90
63	300037	新宙邦	18.0	34	10	59.83	70.31	8.92
64	300065	海兰信	18.0	16	8	50.31	54.69	27.75
65	300103	达刚路机	18.0	10	5	91.32	50.12	23.58
66	300124	汇川技术	18.0	45	20	34.41	66.96	9.73
67	300188	美亚柏科	18.0	9	17	49.08	43.69	32.96
68	300213	佳讯飞鸿	18.0	7	3	82.59	68.62	32.34
69	300279	和晶科技	18.0	18	7	55.22	40.75	43.59
70	300290	荣科科技	18.0	6	3	100.00	45.57	35.59
71	300302	同有科技	18.0	9	2	93.59	67.36	41.17
72	300310	宜通世纪	18.0	14	2	87.04	75.23	43.21
73	300351	永贵电器	18.0	13	6	78.11	74.69	13.87
74	300366	创意信息	18.0	12	16	25.93	40.67	37.95
75	300384	三联虹普	18.0	22	9	33.94	36.82	41.37
76	300395	菲利华	18.0	46	4	61.86	74.05	20.76
77	002007	华兰生物	17.0	43	1	84.81	65.52	12.94
78	002008	大族激光	17.0	67	6	51.19	41.43	11.22
79	002036	联创电子	17.0	39	0	93.41	77.28	11.36
80	002039	黔源电力	17.0	41	1	91.31	66.44	5.03

续表

排名	股票代码	公司简称	股权结构与股东权利得分	股东大会出席会议的股东及股东代表个数	投资者活动次数	股权制衡度（%）	股东大会的中小股东股份比例（%）	机构投资者持股比例（%）
81	002089	新海宜	17.0	10	5	91.19	52.59	19.72
82	002090	金智科技	17.0	26	16	11.51	40.29	10.30
83	002117	东港股份	17.0	34	9	48.70	58.83	14.52
84	002169	智光电气	17.0	16	24	12.35	40.39	27.10
85	002178	延华智能	17.0	9	18	97.18	49.51	2.52
86	002192	融捷股份	17.0	41	15	41.48	32.87	10.49
87	002194	武汉凡谷	17.0	38	3	96.98	56.20	2.84
88	002195	二三四五	17.0	39	3	94.71	67.59	1.66
89	002261	拓维信息	17.0	23	3	85.52	65.59	9.80
90	002280	联络互动	17.0	35	12	64.88	31.04	13.64
91	002299	圣农发展	17.0	39	14	42.39	34.44	19.40
92	002304	洋河股份	17.0	73	10	32.38	54.13	5.36
93	002340	格林美	17.0	34	13	43.62	49.57	11.91
94	002372	伟星新材	17.0	22	13	61.38	50.44	3.63
95	002374	丽鹏股份	17.0	40	2	92.19	61.40	6.56
96	002376	新北洋	17.0	13	9	72.06	69.94	12.00
97	002380	科远股份	17.0	7	12	86.24	41.46	12.71
98	002384	东山精密	17.0	17	1	100.00	60.43	16.62
99	002402	和而泰	17.0	12	11	42.47	51.28	14.97
100	002449	国星光电	17.0	33	4	57.98	58.46	15.06

分报告二
董事会与监事会运作

董事会和监事会作为中国公司法规定的公司核心机关，其本身的设立与运作情况是公司治理表现的一个重要方面，在我们的评估总分中占有25%的权重。与此同时，董事会和监事会，特别是董事会，作为公司财产的受托人，行使着选聘公司经理和指导及监控公司运作的大权，对公司在股东权利、信息披露与合规，以及激励机制建设等方面的治理行为，也都有着重大职责和影响。

董、监事会成员的专业性和独立性是确保其履行职责的必要条件。在中国证监会和深圳证券交易所的监管之下，中国中小板和创业板上市公司，都依法设立了董事会和监事会，但这并不代表其实际运作上的真正到位——成为公司法人的有效机关，而非大股东和公司实际控制人的橡皮图章。

一、中国公司董事会和监事会：制度设计上的缺陷

在发展现代公司制度实践上的落后和有关认识及理念上的误区与不足，导致中国在公司治理机制的设计上缺乏系统性，也缺乏适应性和灵活性。就董事会和监事会制度来说，主要存在以下一些制度设计上的先天性缺陷。

执笔人：仲继银，中国社会科学院经济研究所研究员。

将管理决策权力和监督检查权力分立，在股东会之下平行设立负责管理公司的董事会和负责监察公司运作的监事会，是一种现代外部审计制度没有得到充分发展之前的早期制度安排。如英国东印度公司，在由股东选出的19人组成的董事会负责管理公司的同时，另外由股东选出了7人组成监察人委员会。但是，随着现代公司法和公司制企业的发展，英美国家发展出了一套成熟的外部审计制度，早期的公司监察人角色演变为公司内部的董事会审计委员会和公司外部的会计师事务所审计制度。中国公司法延续了早期公司的“董事会—监事会”平行双会制，同时又通过上市公司监管规则引入了董事会审计委员会和公司外部的会计师事务所审计制度，这在制度设计上就导致了董事会审计委员会与公司监事会之间的职责冲突。相比之下，日本的公司治理改革中，通过允许公司自主选择采用新型的委员会制公司形式（通过设立外部董事为主的董事会审计委员会，废除公司监事制度），还是保留传统的董事会和监事制度并存的公司形式，有效解决了这一问题。

中国的公司内部治理机制上，比监事会和董事会审计委员会之间职责划分不清更严重的制度设计缺陷是，董事会权力本身没有得到充分的确认和法律保护。在股东会、董事会和经理层之间的权限划分上，现代公司法的基本原则是董事会中心主义——股东保留的公司管理权力需要事先和明确列举（通过公司章程和股东协议等），此外的全部公司管理权力默认配置给董事会行使（并由董事承担相应责任），经理层的公司管理权力则是完全来自董事会的授予。可是，中国现行公司法对股东会、董事会、监事会及经理的权力分别进行了诸条列举性的规定，这看似清晰，实则混乱。如股东大会“决定公司的经营方针和投资计划”（2005年公司法第38条第一款），董事会“决定公司的经营计划和投资方案”（2005年公司法第47条第三款），这二者之间界限何在？再如，董事会“制定公司的基本管理制度”（2005年公司法第47条第十款），经理“制定公司的具体规章”（2005年公司法第50条第五款），这二者区别又何在？甲公司中可以作为具体规章的事项，到乙公司也许需要作为基本管理制度，如库存之于钢铁公司和金银首饰公司。还有，中国《公司法》规定“经理列席董事会会议”，这是经理的权力还是义务？如果说是经理的权力，那么讨论经理表现和待遇问题的董事会会议也必须要允许经理本人参加吗？如果说是经理的义务，则可说是一句废话，经理能够拒绝董事会对其参加董事会、为董事会提供信息和向董事会报告工作的要求吗？

这些基本机制设计上的制度性缺陷，导致中国公司整体上的董事会难以真正到位，难以摆脱走过场和橡皮图章角色。不过，实际运作中，由于股权结构、股东构成及相关人员的认识水平，不同公司之间在董事会的实际到位程度和董事会监事会的实际治理水平上还是存在着很大差异，也存在着很大的可以有所作为的空间的。

二、董事会规模趋小，监事会监督乏力

有效的公司治理一方面应确保董事会对公司和股东的受托责任，另一方面应实现董事会对公司的战略指导和对管理层的有效监督。

中国中小板和创业板公司的董事会和监事会治理表现出一个非常显著的特征：“股东董监高”发挥了主要作用。1137家中小板和创业板公司中，只有77家（6.8%）的公司董监高没有持股，797家（70.1%）公司的董监高持股价值是其薪酬总额的100倍以上。相比之下，核心技术人员和员工持股不那么普遍。1137家公司中，677家（60%）公司没有实施股权激励，841家（74%）公司没有实施员工持股，647家（56.9%）公司核心技术人员没有持股。核心技术人员要么没有持股，要么持股比例很高，有348家（30.6%）公司的核心技术人员持股比例在3%以上，作为创始人的核心技术人员有持股，非创始人的核心技术人员很少持股。

（一）董事会：规模趋小

2015年中国中小板和创业板上市公司的董事会平均人数为8.20人，相比2011年（8.80人）和2012年度（8.56人）出现明显下降趋势。中小板和创业板

公司董事会人数的相对小型化，一方面是其自身资产和企业规模小的表现，另一方面也反映出随着董事责任的提高、董事会会议次数的增加，近年中国公司普遍开始调小董事会规模，新近上市的公司要比早先上市的公司更多采用了相对小型的董事会规模。

表2.2.1　　董事会基本情况：2015年与2012年比较

	2012年927家	2015年1137家
董事人数（人）	8.56	8.20
董事会会议次数（次/年）	8.94	10.43
专业委员会数量（个）	3.90	3.93
独立及非执董比例（%）	51.97	50.07
女性董事比例（%）	15.90	18.29
两职分离的公司比例（%）	61.49	63.90

从分布来看，董事会规模在7人及以下的公司比例增加，从2011年的20.5%和2012年的25.24%，上升到了2015年的34.9%。董事会人数在8～9人、10～14人和15人及以上各档的公司比例均下降。最普遍出现的董事会规模是9人和7人，分别有546家（48.0%）和267家（23.5%），然后依次是8人（113家，9.9%）、6人（71家，6.2%）、5人（58家，5.1%）和11人（42家，3.7%）。

表2.2.2　　董事会人数分布：2015年与2012年比较

董事人数	2011年		2012年		2015年	
	样本数	比例（%）	样本数	比例（%）	样本数	比例（%）
7人及以下	140	20.5	234	25.24	397	34.9
8～9人	443	64.7	591	63.75	659	57.9
10～14人	95	13.8	100	10.79	78	6.9
15人及以上	6	0.90	2	0.22	3	0.3
总计	684	100	927	100	1137	100
平均值（人）	8.80		8.56		8.20	

中国中小板和创业板公司董事会规模要比主板上市公司的董事会规模略小，但是相比其相对较小的公司规模和更多高科技企业的行业特性，还是有些过大。董事会人数多，有利于增加对公司各个利益相关方的代表性，但

也会带来运行上的不便和更大成本，特别是会议组织上的时间成本。在创新和价值创造的重要性要远远高于各方面利益平衡问题的中小型和高科技企业里，小型董事会是一种更好的选择。

（二）监事会：动力不足

监事会是中国公司依据《公司法》而必设的一个重要机构，主要功能是监督董事会、管理层是否勤勉尽职。2015年中国1137家中小板和创业板公司监事会平均人数为3.23人。从分布来看，992家、占有效样本总数87.8%的公司监事会人数为3人，另有99家、占有效样本公司总数8.8%的公司监事会人数为5人。

由于大多数中小板、创业板上市公司的股东兼任公司的董事或高管，监事会代表股东监督董事会和经理层的重要性相对弱化，再加上中国上市公司在依法设立监事会的同时，又必须按证券监管规则建立独立董事制度，使监事会在公司治理中的作用一直受到质疑。如何在独立董事制度和监事会制度并存的情况下，使监事会能够实际发挥有效作用，是中国上市公司治理中的一个重要课题。

在股权高度集中、上市公司普遍由大股东实际控制的情况下，中国的独立董事制度设计上却把持股1%以上的人员都排除在了独立董事候选人之外，上市公司的股权激励政策中也把独立董事排除在外了，使中国公司的“合规”独立董事，形式上很独立，实际上很无力，并且很廉价，易于被公司大股东或管理层所操控。如果是从实际出发进行独立董事制度设计，在中国现实的大股东通常持股超过20%而一手遮天的公司控制结构中，即使是把独立董事的1%持股比例限制提高到5%甚或10%，并同时推出面向独立董事的股权激励措施，也不会影响独立董事的真正独立性，反倒是增强了其履行职责的动力，并使其不再廉价，不再易于被大股东和管理层所操控。

在持股因素限制了独立董事发挥监督作用的情况下，监事没有持股方面的限制，使监事持股成为中国公司在通过增强内部监督力量而改进公司治理、提高公司业绩方面的一个可行并确实有效的选择。更有动力的监督带来更好的公司业绩。2015年1137家中小板和创业板公司中，有占51%的580家公司监事会成员持有公司股份，监事会成员持股比例的平均值为0.51%，最大值为16.85%。这比2014年的数字有所提高。2014年度1056家中小板和创业板公司中，有占46.6%的492家公司监事会成员持有公司股份。

任何一项制度，或具体一种公司治理机制，要实际发挥作用，都要有实质含义和实际内容在里面，而经济利益永远是最重要和最根本的。有监事持股的公司业绩显著高于没有监事持股的公司业绩，是持股所赋予的动力，使在其他公司中成为摆设的监事会，在这些公司里发挥了作用。相比之下，独立董事的作用力度要小得多。在民主制度的早期，要有一定财产的人才有投票权，在公司制度的早期，普遍有董事资格股规定，二者同理，都是因为没有财产做后盾的穷人的投票权会很廉价地被收买，而不能很好地发挥其本所应有的作用。

表2.2.3　　　　监事会成员持有公司股份的比例分布

持股比例	频率	百分比（%）	有效百分比（%）	累计百分比（%）
无	557	49.0	49.0	49.0
不足0.5%	375	33.0	33.0	82.0
0.5%～1%	63	5.5	5.5	87.5
1%～5%	115	10.1	10.1	97.6
5%～10%	21	1.8	1.8	99.5
10%及以上	6	0.5	0.5	100.0
总计	1137	100.0	100.0	

三、董事会构成：独立性有限，多样化不足

（一）董事会的独立性

董事会代表全体股东以及整个公司，监管并激励管理层，要站在公司长远发展的角度，设定公司战略，进行重大项目的决策。因此，董事会需具有独立性，不能完全被控股股东和公司经理层所操控。中国证监会《关于在上

市公司建立独立董事制度的指导意见》中规定，上市公司董事会成员中应当至少包括三分之一独立董事。根据这一监管要求，中小板和创业板上市公司都建立了独立董事制度，也基本都做到了独立董事占三分之一的比例。

考虑到中国公司独立董事普遍发挥作用不大，中小板和创业板公司又普遍存在个人大股东的情况，我们特别将独立董事和普通非执行董事加在一起进行了评估。2015年，1137家中小板和创业板公司中，独立及非执行董事比例的平均值为50.07%，比2012年的51.91%有所下降。

本来独立性就不高的中国中小板和创业板上市公司董事会还出现了“内部化”增强趋势。很多企业没有非执行董事，只有执行董事和独立董事两部分人构成了董事会。独立董事多数是上市公司本地的“熟人”，为数不多的公司中有与上市公司本部不在同一地点的独立董事。

研究显示，董事会独立性越强，越有利于提升公司业绩。适当提高独立董事及非执行董事比例，已经不仅仅是个满足监管要求的问题，对公司自身业绩的提高也有实际益处。

表2.2.4　　独立及非执行董事占董事总人数的比例：2015年与2012年比较

比例	2012年			2015年		
	公司数	比例（%）	累计比例（%）	公司数	比例（%）	累计比例（%）
不足1/3	2	0.2	0.2	2	0.2	0.2
大于等于1/3小于1/2	448	48.3	48.5	630	55.4	55.6
大于等于1/2小于2/3	271	29.2	77.8	299	26.3	81.9
大于等于2/3小于3/4	105	11.3	89.1	102	9.0	90.0
大于等于3/4	101	10.9	100.0	104	9.1	100.0
总计	927	100.0		1137	100.0	
平均值（%）	51.91			50.07		

另外一个常被用作衡量董事会独立性的指标是董事长和CEO两职分离。一些研究发现，对于初创公司，两职合一有利于提高决策效率，对于成熟公司，由于规模较大，一旦决策失误，损失将非常大，通过两职分离加强制衡，以防止董事长兼CEO专断决策，产生严重后果。2012年，927家公司

中有61.5%的公司实行了首席执行官和董事长的两职分离。2015年，1137家公司中，有占36.1%比例的411家公司采用了两职合一的做法，占63.9%比例的726家公司采用了两职分离的做法。与2012年相比，两职分离的公司比例略有提高。

独立董事、非执行董事和异地董事，有利于提高董事会的独立性，扩大董事会的视野，但同时会带来董事会会议运作成本的提高，甚至会提高会议成功召开的难度。这种董事会的成本付出是否值得取决于董事会的质量。董事会质量的实质是董事会的决策质量，高质量的决策降低公司风险，给公司带来效益，而不能仅仅是形式上的好看和受到外界好评。

中国公司，特别是中小型和创业性公司，缺乏集体决策经验，更别说是规范的董事会运作经验。原来一切都是老板一个人说了算，根本就没有董事会，也缺乏集体决策机制的一些公司，通过改制和上市辅导，几乎是一步到位地建立起了独立董事要占三分之一以上、每次会议均要严格公告的“中国式上市公司董事会制度”。给一个自由赤足奔跑的人突然带上了能够提高成绩的专业跑鞋，需要一个正确的认识和适应过程。当公司正确和自觉地认识到了董事会的价值，并适应了董事会这种集体决策机制，进而使董事会的决策质量也能够大幅度提高之后，提高董事会独立性和多样性而带来的董事会成本增加，也就不再是个问题了。

（二）董事会的多样化

一个能够良好运作的董事会，不仅仅需要有从利益关系上考量的独立性，以避免被局部利益俘获而出现不利公司整体利益的决策偏差，还要有从理念、专业能力和文化背景等方面考量的多样性，以使董事会能有更全面的视野、更高质量的讨论和决策。

女性董事是国际上非常重视的一个董事会多样性指标。增加女性董事，一方面有社会和政治上的原因，特别是欧洲那些社会民主主义国家，人们认为大公司控制了社会经济资源，提高女性董事会成员比例是提高女性地位的一个重要环节。另一方面有管理学上的原因。管理学研究表明，女性更善于倾听、具有更强的沟通能力，能够克服男性的刚愎自用，改善团队文化。董事会作为公司最高决策和管理团队，可以通过增加女性成员，提高其作为一个团队的沟通和决策质量。

2015年，1137家中小板和创业板公司中，有女性董事的公司数量为863家，占样本总数的75.9%。女性董事占董事会比例最大值为89%，平均值为18.29%，平均值与2014年持平，比2012年的15.90%提高了2.4个百分点。

男性构成了中国中小板和创业板上市公司董事会的主体。有24.1%的公司董事会中一位女性成员都没有，只有1位女性董事会成员的公司比例为33.1%，二者合计达57.2%，也就是说近百分之六十的公司没有或者只有1位女性董事会成员。瑞典等诸多欧洲国家已经立法要求大公司董事会成员中女性比例要达到40%，中国中小板和创业板上市公司中女性董事会成员比例达到40%的只有11.3%。

表2.2.5　　中小板、创业板上市公司女性董事会成员比例分布

	频率	百分比（%）	有效百分比（%）	累计百分比（%）
无	274	24.1	24.1	24.1
有，但不足10%	17	1.5	1.5	25.6
10%～20%	356	31.3	31.3	56.9
20%～30%	263	23.1	23.1	80.0
30%～40%	99	8.7	8.7	88.7
40%及以上	128	11.3	11.3	100.0
总计	1137	100.0	100.0	

发达国家公司董事会在强调增加女性董事的同时，还很强调提高董事会成员的种族多样性。根据中国的具体情况，我们认为董事会成员的地域多样性和职业背景多样性是两个非常重要的问题。

中国地域广大加上高度金融管制，导致了大量的企业，虽然是地方性的经营和业务，但却是在全国性的资本市场上市。仅从产品市场角度来看，有足够的地方性人才就够了，但从资本市场角度看，至少董事会层面上，有一个地域背景多样化的人员构成，能更好地理解全国性的资本市场，也能更好地与全国性的投资者沟通，从而得到更广泛的投资者支持。

到目前为止，即使是在上市公司层面上，中国也还是一个所有制分割的市场经济。在现代公司治理体系和上市公司层面，国有企业、民营企业和外资企业这些像“乡镇企业”和“农民企业家”一样的应该被尽早扔到历史垃圾堆里的概念，还顽固地存在着，并被人们广泛地使用着，其背后的原因主要是一种传统和习性，这种传统和习性又是被刻在了相关人员的大脑皮层并形成他们的认知模式。在公司董事会中，引入具有不同体制背景的人员，对于提高董事会整体上的认知水平和决策质量，以及改进董事会文化，都会有所裨益。

（三）“独立不关联，关联不独立”吗

在张利平的“回避”引起华润和万科之间就万科2016年6月17日董事会决议有效性的争议之后，包括学者、媒体和监管部门在内的各方，都没有就关联董事回避问题和该种情况下的董事会决策规则，进行深入的讨论，可说是一种遗憾。

舆论关注的焦点首先集中在张利平的独立董事身份上。“独立不关联、关联不独立”，甚至成为一时的流行语。还有万科独立董事以不拿报酬作为自己更为独立的一种论据。

关联不关联本身跟独立董事身份没有关系。公司治理上，董事的关联和独立与否，都不是绝对和纯粹的，也不是一个理论概念，而是相对的和实践性的概念。回避相关董事会会议中的关联，是就具体议案和事项而言的，跟他是否是独立董事无关。与独立董事身份有关的关联，通常的判定标准是，在董事会看来，这种关联关系是否足以影响其在董事会上做出独立判断。就中国上市公司来说，中国证监会有具体的独立董事标准，符合那些标准，并且公司董事会没有自己给出一些其他条件，他就是符合规则的独立董事。

独立董事拿不拿报酬，跟其独立性和独立董事身份，及其作为公司董事

的义务和权利等等，都没有关系。如果既没有任何关联，也不拿报酬，没有任何利益，那可真是“独立”了，但是那样的话，也就没有任何动力了。如果是这种情况，还凭什么让其承担作为董事的义务，又凭什么让其费心费力费时地为公司做决策？

四、董事会运作：会议次数不足，专业委员会作用不大

无论如何良好构成的董事会，要在公司治理中发挥实际作用，都要通过有效的董事会会议。尽管董事会的会议次数不能代表董事会的会议质量和实际作用，但这是明确并且可准确观测的反映董事会运作情况的一个基本指标。

除了要有足够的会议频率之外，董事会要有效发挥功能，特别是为了避免利益冲突、加强讨论深度，从而保证做出正确并高质量的决策，需要设置一些必要的董事会下属专业委员会。

（一）董事会的会议

中国《公司法》规定公司一年至少要召开两次董事会会议，董事会会议次数少于两次属于违法。中国上市公司一年要披露四次财务报告，如果一家上市公司的董事会会议次数少于4次，基本可以断定是没有尽到基本职责。当然，董事会会议次数绝非越多越好。会议太多可能是个负面信号，比如董事之间存在矛盾，公司面临重大困境等等。

2015年，中国1137家中小板和创业板公司中，有占8.5%的84家公司，董事会会议次数不足6次，平均两个月开不上一次董事会；有占58.8%的670家公司，董事会会议次数在6次到11次之间，做到了平均两个月一次董事会，但没有做到平均一个月一次董事会；二者合计754家，占66.3%，也就是说有三分之二的公司没有做到至少一个月召开一次董事会。有383家、占样本总数33.7%的公司，做到了至少每个月召开一次董事会。

不过，与2012年度相比，2015年中国中小板和创业板公司的董事会会议频率还是有很大幅度提高的。2015年，1137家中国中小板和创业板上市公司

董事会会议平均为10.43次，比2012年的平均8.94次，增加了1.49次。

表2.2.6　　董事会会议次数分布：2015年与2012年比较

会议次数	2012年			2015年		
	公司数	比例（%）	累计（%）	公司数	比例（%）	累计（%）
3次及以下	2	0.2	0.2	4	0.4	0.4
4～5次	66	7.1	7.3	80	7.0	7.4
6～7次	236	25.5	32.8	182	16.0	23.4
8～9次	289	31.2	64.0	260	22.9	46.3
10～11次	173	18.7	82.6	228	20.1	66.3
12次及以上	161	17.4	100.0	383	33.7	100.0
总计	927	100.0		1137	100.0	
平均值（次）	8.94			10.43		

在整个经济形势和市场状态都如此动荡和充满不确定性的时代，特别是对于基本是处于高度竞争性行业和高新技术行业的中小板和创业板上市公司来说，不足每月一次的董事会会议频率，只能说他们的董事会还基本是个空架子，少许的会议只是为了满足监管要求，是公司实际控制人经常嫌烦到懒得走的一种过场。

中国公司董事会（以及监事会）流于形式有多方面的具体原因，但概括起来可以说是“迷失在了股东和经理之间”。董事会是由全体股东付费，在有关法规和监管规则之下，按照兼顾各类利害相关者利益的原则，指导和管理公司运作的机构。正如IBM等公司管理章程中开宗明义所言：“公司的业务及日常事务应由董事会负责。除法律、公司章程或本管理章程规定由股东行使的之外，董事会可以行使公司的一切权力和权利、采取任何合法行动及完成任何合法事项。”

中国现行公司法为了让股东会、董事会和经理之间职责清晰，对股东会、董事会、监事会及经理的职责和权力分别进行了逐条列举性的规定，这是一种看似清晰实则混乱的做法，导致了中国公司的两难局面：在缺乏稳定的实际控制人情况下，频繁出现股东、董事会和经理层之间打架，都说是要界定清晰各自的职责；在存在明显的实际控制人情况下，股东会、董事会和监事会等公司机关便均流于形式，只是实际控制人权力的橡皮图章。

（二）董事会的专业委员会

从公司治理角度和避免利益冲突出发，董事会一般要设立审计委员会、薪酬委员会和提名委员会。由于这三个方面的事项与经理层之间有利益冲突，这三个委员会不能有执行董事参加，最好全部是独立董事。从加强公司管理、提高专业水准、更好做出有关决策的角度，董事会通常也会设立战略委员会、投资委员会和风险管理委员会等，这几个方面的事项与经理层之间没有明显的利益冲突，可以并且最好是有执行董事参加。

一般而言，专业委员会的数量，特别是审计、薪酬和提名等公司治理类专业委员会的设立情况，可以反映出公司董事会的运作到位程度。由于有些公司将薪酬与提名委员会合并，将战略与投资委员会合并等等，使不同公司的董事会下属专业委员会数量不是完全可比。2015年，1137家中国中小板和创业板公司董事会平均有3.93个下属专业委员会。其中，有18家公司董事会仅有一个或两个下属专业委员会，有71家公司董事会仅有3个下属专业委员会。最普遍的情况是设立四个董事会下属专业委员会，有1024家公司。有22家公司设立了5个董事会下属专业委员会，还有2家公司设立了6个董事会下属专业委员会。

通过董事会专业委员会的设立来改进公司治理和提升董事会质量，还没有成为中国公司董事会实际运作中的一种内在需要。近98%的中国上市公司董事会选择设立4个下属专业委员会，是为了满足公司治理监管形式上的要求，设立了中国证券监管部门要求和推荐的战略、审计、薪酬和提名等四个专业委员会，实际运作情况则完全是另外一件事。很少有公司披露了董事会专业委员会的会议情况，别说具体每个委员会的会议情况，就是各委员会总计的会议次数也很少有披露的。

表2.2.7　　　　董事会专业委员会个数分布：2015年与2012年比较

个数区间	2012年			2015年		
	公司数	比例（%）	累计比例（%）	公司数	比例（%）	累计比例（%）
1～2个	21	2.3	2.3	18	1.6	1.6
3个	65	7.0	9.3	71	6.2	7.8

续表

个数区间	2012年			2015年		
	公司数	比例（%）	累计比例（%）	公司数	比例（%）	累计比例（%）
4个	826	89.1	98.4	1024	90.1	97.9
5个及以上	15	1.6	100.0	24	2.1	100
总计	927	100		1137	100	
平均值（个）	3.90			3.93		

根据我们对一些上市公司的调研判断，整个中小板及创业板公司中，由于独立及非执行董事没有发挥多大作用，董事会的专业委员会更没有发挥多大作用。

独立及非执行董事发挥作用不大，董事会专业委员会形同虚设，不仅仅是中国中小板和创业板公司的状况，也是整个中国上市公司治理的普遍状况。相比主板公司第一大股东控制，中小板和创业板的主要发起人控制结构状态，并没有给中小股东带来更大一些的公司控制机会。主板上市公司普遍有第一大股东的高持股比例，并且普遍是“集团下属企业”，这使独立董事很难发挥作用。来自集团的非执行董事能够发挥一些治理作用，公司实际控制在执行董事—经理人和集团职能部门手中。中小板和创业板公司的第一大股东持股比例要比主板公司低，也普遍是独立公司（不是集团下属企业），这在表面看来，似乎有利于独立及非执行董事发挥作用。但是，由于中小板和创业板公司上市时间很短，没有增发和再融资，作为公司核心的前几大股东合计控制的股权比例比主板公司还高，公司还普遍牢牢控制在创始人和发起人手中，这使独立董事和不是重要股东的非执行董事都很难发挥实际的公司治理作用。

五、案例讨论：万科之争中的董事会决策规则问题

2016年6月17日下午，万科公司第十七届董事会第十一次会议召开，万科11名董事全部（亲自或授权）出席。会议讨论有关万科通过定向发行股份收购深圳地铁前海国际发展有限公司的12项议案，其中除第12项“关于暂不召开临时股东大会的议案”外，其他11项议案的表决结果均为：“同意7票，反对3票，弃权0票”（万科公司6月18日公告用语）。

万科公司公告称，张利平独立董事向董事会申明：就本次会议议案，由于其本人任职的美国黑石集团正在与公司洽售在中国的一个大型商业物业项目，带来潜在的关联与利益冲突，存在《公司章程》第152条第2款所述之关联关系，不得对该等12项议案予以表决，特此回避本次会议议案之投票表决。

万科公司据此认为，相关议案以10名董事中的7人赞成，比例超过了三分之二，获得董事会通过。但是公司股东华润（其三名“委派”董事均投出了反对票）认为，该等议案获得公司全体11名董事中的7人赞成，比例不足三分之二，因此没有获得董事会通过。

7/10，还是7/11，万科和华润之间这场争论，被舆论戏称为一道“小学算术问题”。确实，目前中国的公司治理，还就是要解决一些小学算术问题。

（一）董事会决议的计票规则：全体董事还是出席董事

中国《公司法》第112条规定：“董事会会议应有过半数的董事出席方可举行。董事会做出决议，必须经全体董事的过半数通过”。万科公司章程第152条第1款也一字不落地明确了这一规定。

可以说，董事会形成有效决议需要“全体董事”的过半数通过，这是中华人民共和国《公司法》所特有的一种规定。其他国家通行的规则是，只要有符合法定人数（通常为全体董事的过半数）的董事出席，出席会议的董事过半数通过即可形成有效的董事会决议。中国历史上的第一部公司法清《公司律》规定，“董事局会议如有三人到场即可议决各事”，到场董事多数同意可形成有效决议。台湾地区现行公司法规定：董事会之决议，应有过半数董事之出席，出席董事过半数之同意行之。

中国《公司法》“投赞成票的董事要占包括未出席董事在内的全体董事半数以上才能形成有效决议”这一更为严格的董事会议有效规则，初衷可能是防止少数董事滥用权力，但是实际效果是严重限制了董事会的作为空间，增加了董事会议的难度，使董事会更少作为。

如果是按“出席董事过半数通过”这一国际通行的现代公司董事会会议决策规则，2016年6月17日的万科公司董事会会议，选择回避的张立平，可以看作是没有出席会议，就可以理所当然地按7/10计算董事会投票，显然获得了通过（因为所议事项属董事会特别决议范畴，因此需要过三分之二通过，而不是普通决议的过半数通过）。但是如果按中国公司法的“全体董事过半数通过”规则，就要按7/11计算，就没有获得通过。

（二）有关联关系董事回避时的董事会决策规则

万科公司以其章程第152条第2款的规定，把回避投票的张利平不计入董事会计票的分母，得出了7/10的算法。该款原文是：“公司董事与董事会会议决议事项所涉及的企业有关联关系的，不得对该项决议行使表决权，也不得代理其他董事行使表决权。该董事会会议由过半数的无关联关系董事出席即可举行，董事会会议所作决议须经无关联关系董事过半数通过”。

这是中国《公司法》第125条的规定，其意图是避免与“决议事项所涉及的企业”有关联关系（直接或者间接的利益关系）的董事参与投票，损害公司利益。但万科公司公告给出的张利平选择回避的理由是，“由于其本人任职的美国黑石集团正在与公司洽售在中国的一个大型商业物业项目，带来潜在的关联与利益冲突”。

字面来看，这里的利益关系，是张利平所任职的黑石与万科公司之间有关联关系，而不是与“决议事项所涉及的企业”深圳地铁集团之间有关联关系。黑石“正在与公司洽售在中国的一个大型商业物业项目”，这会使张利平在万科收购深圳地铁前海国际发展有限公司的议案上，立场偏向深圳地铁方面吗？如果不会，张利平的这个回避理由就不成立，他的回避就可以被看作是没有实际出席董事会会议，由此他就要被计入分母，就要按7/11来计算，相关董事会决议就没有获得通过。

就公司治理原则来讲，关联人回避投票是一种公平交易义务，而不是权利，董事会和股东大会两个层面皆是如此。

在股东大会层面，这个问题不大。各国法律都无法强制上市公司股东必须参加股东大会。参加股东大会是股东的权利，而不是义务。股东没有关联关系，也可以自由地不参加股东大会。因此，各国法律也都没有对股东大会的股东参与率做出下限规定。股东大会通过决议，都是以参加股东大会的股东所代表的投票权总数为分母来计算，而与公司全体股东的投票权总数无关。在股东大会层面，存在关联关系的股东有法定义务回避投票。如果该等股东没有回避，参与了投票，异议股东可以据此申请法院判定该股东大会决议无效。

但是，在董事会层面，这个问题则至关重大。如何定性张利平的回避，直接决定了万科2016年6月17日董事会12项议案中11项的通过与否。作为董事，在与董事会所议事项所涉企业或人存在关联关系时，回避是一种法定的公平交易义务，而不是一种权利。作为一种公平交易义务，相关董事要将相关的关联关系事项在董事会会议正式开始之前，向董事会报告。如果相关董事没有报告，并参与了相关事项的董事会投票，该等董事会决议则存在法律瑕疵，可以被判定为无效。但是，这种情况，不能用于对抗不知情的善意第三人。

说关联董事回避不是董事的一种权利，意思就是，在其向董事会报告了相关关联事项之后，要由董事会来判定他是否需要和是否有权回避。参加股东大会不是股东的法定义务，但是参加董事会是董事的法定义务。如果董事可以以任意一种所谓关联关系而回避投票，等于是为董事提供了一种逃避其法定义务的便利。不存在有实质影响的关联关系而回避，和存在有实质影响的关联关系而不回避，同样会影响董事会的决策质量，也会使董事会难以有效作为。

就万科2016年6月17日的董事会会议来说，问题的关键是，在董事会正式开始之前，是否就张利平董事的关联关系申明进行了讨论，并明确做出了张利平是否需要回避的决定。如果明确做出了该等决定，则可进而在会议正式开始之前，就明确本次董事会会议有投票权的总人数，到底是10人还是11人。

放眼中国公司治理的进步历程，这场万科控制权之争中，以王石为代表的公司管理层和原第一大股东华润及新晋第一大股东宝能，他们谁输谁赢都不重要。通过这场引起广泛关注的控制权争夺，促进某些公司治理具体规则的改进，使某些模糊的原则有了清晰的界定，并使一些正确的公司治理理念和知识得到传播，才是最有意义的。

表2.2.8 “董事会与监事会运作”评价得分100强

排序	股票代码	公司简称	董事会与监事会运作得分	董事会会议次数	监事会持股比例（%）	独立非执行董事比例（%）	委员会设立个数	董事长与总经理兼任情况（“1”表示兼任；“2”表示不兼任）	女性董事比例（%）
1	002044	美年健康	20.0	16	1.60	90.91	4	2	27.27
2	002452	长高集团	19.5	12	1.55	50.00	5	2	16.67
3	300156	神雾环保	19.5	13	7.28	77.78	4	2	0.00
4	002376	新北洋	19.0	10	1.11	77.78	4	2	22.22
5	002346	柘中股份	18.5	12	2.13	77.78	4	2	0.00
6	002003	伟星股份	18.0	8	1.92	77.78	4	2	22.22
7	002386	天原集团	18.0	9	0.00	81.82	6	2	27.27
8	002493	荣盛石化	18.0	9	1.29	44.44	5	2	44.44
9	002497	雅化集团	18.0	13	4.09	33.33	4	2	44.44
10	002519	银河电子	18.0	15	4.77	50.00	4	2	25.00
11	002588	史丹利	18.0	8	8.04	60.00	4	2	60.00
12	300188	美亚柏科	18.0	15	5.78	42.86	4	2	28.57
13	300279	和晶科技	18.0	13	5.76	42.86	4	2	28.57
14	300317	珈伟股份	18.0	22	0.33	66.67	4	2	50.00
15	300372	*欣泰	18.0	13	1.15	57.14	4	2	28.57
16	002013	中航机电	17.5	12	0.00	88.89	4	2	11.11
17	002092	中泰化学	17.5	16	0.01	83.33	4	2	16.67
18	002152	广电运通	17.5	14	0.16	66.67	4	2	33.33
19	002169	智光电气	17.5	12	2.00	55.56	4	2	11.11

续表

排序	股票代码	公司简称	董事会与监事会运作得分	董事会会议次数	监事会持股比例（%）	独立非执行董事比例（%）	委员会设立个数	董事长与总经理兼任情况（“1”表示兼任；“2”表示不兼任）	女性董事比例（%）
20	002225	濮耐股份	17.5	11	10.15	33.33	4	2	11.11
21	002317	众生药业	17.5	13	1.40	33.33	4	2	33.33
22	002344	海宁皮城	17.5	14	0.35	66.67	4	2	33.33
23	002709	天赐材料	17.5	14	2.05	44.44	4	2	33.33
24	300194	福安药业	17.5	13	1.12	33.33	4	2	33.33
25	300301	长方集团	17.5	11	2.41	71.43	4	2	14.29
26	002137	麦达数字	17.0	14	0.00	66.67	4	2	22.22
27	002157	正邦科技	17.0	15	0.00	80.00	4	2	20.00
28	002332	仙琚制药	17.0	8	0.94	66.67	4	2	44.44
29	002391	长青股份	17.0	8	11.86	42.86	4	2	28.57
30	002422	科伦药业	17.0	11	1.59	33.33	4	2	44.44
31	002471	中超控股	17.0	16	0.00	57.14	4	2	42.86
32	002477	雏鹰农牧	17.0	10	0.04	45.45	5	2	72.73
33	002512	达华智能	17.0	22	0.51	42.86	4	2	57.14
34	002581	未名医药	17.0	9	0.00	85.71	4	2	42.86
35	002624	完美世界	17.0	16	0.00	66.67	4	2	44.44
36	002679	福建金森	17.0	12	0.00	33.33	5	2	22.22
37	300178	腾邦国际	17.0	18	0.15	66.67	3	2	44.44
38	300203	聚光科技	17.0	14	0.00	71.43	4	2	42.86
39	300263	隆华节能	17.0	10	2.48	33.33	4	2	55.56

续表

排序	股票代码	公司简称	董事会与监事会运作得分	董事会会议次数	监事会持股比例（%）	独立非执行董事比例（%）	委员会设立个数	董事长与总经理兼任情况（“1”表示兼任；“2”表示不兼任）	女性董事比例（%）
40	300365	恒华科技	17.0	13	3.10	42.86	4	2	28.57
41	300383	光环新网	17.0	10	0.26	66.67	4	2	50.00
42	002049	紫光国芯	16.5	11	0.57	75.00	4	2	0.00
43	002129	中环股份	16.5	20	0.00	77.78	4	2	11.11
44	002316	键桥通讯	16.5	17	0.02	66.67	4	2	11.11
45	002334	英威腾	16.5	14	5.52	44.44	4	1	55.56
46	002349	精华制药	16.5	20	0.00	77.78	4	2	11.11
47	002354	天神娱乐	16.5	17	1.10	66.67	4	1	22.22
48	002416	爱施德	16.5	14	0.07	66.67	4	2	11.11
49	002417	三元达	16.5	10	0.68	100.00	4	1	40.00
50	002419	天虹商场	16.5	19	0.05	88.89	4	2	0.00
51	002454	松芝股份	16.5	11	0.00	100.00	4	2	12.50
52	002458	益生股份	16.5	11	2.06	33.33	4	2	33.33
53	002495	佳隆股份	16.5	10	6.82	33.33	4	2	11.11
54	002554	惠博普	16.5	17	3.58	33.33	4	2	11.11
55	002565	上海绿新	16.5	18	0.03	71.43	4	2	14.29
56	002570	贝因美	16.5	11	0.33	33.33	5	2	33.33
57	002700	新疆浩源	16.5	8	6.01	40.00	5	2	0.00
58	300007	汉威电子	16.5	10	1.57	50.00	4	2	12.50
59	300059	东方财富	16.5	18	1.31	33.33	4	2	11.11

续表

排序	股票代码	公司简称	董事会与监事会运作得分	董事会会议次数	监事会持股比例（%）	独立非执行董事比例（%）	委员会设立个数	董事长与总经理兼任情况（“1”表示兼任；“2”表示不兼任）	女性董事比例（%）
60	300068	南都电源	16.5	15	0.21	77.78	4	2	0.00
61	300075	数字政通	16.5	13	1.88	33.33	4	2	11.11
62	300112	万讯自控	16.5	11	7.52	42.86	4	2	14.29
63	300117	嘉寓股份	16.5	17	0.00	75.00	4	2	12.50
64	300208	恒顺众昇	16.5	12	1.11	44.44	3	2	33.33
65	300295	三六五网	16.5	12	4.46	60.00	4	2	0.00
66	300347	泰格医药	16.5	14	2.43	50.00	4	1	50.00
67	300362	天翔环境	16.5	18	0.00	50.00	5	2	12.50
68	300367	东方网力	16.5	20	2.23	44.44	4	2	11.11
69	300379	东方通	16.5	9	2.23	55.56	4	2	33.33
70	300388	国祯环保	16.5	18	0.22	72.73	4	2	18.18
71	002066	瑞泰科技	16.0	10	0.00	77.78	4	2	22.22
72	002085	万丰奥威	16.0	12	0.00	66.67	4	2	22.22
73	002088	鲁阳节能	16.0	6	1.10	66.67	4	2	22.22
74	002113	天润数娱	16.0	9	0.02	85.71	4	2	28.57
75	002143	印纪传媒	16.0	12	7.24	44.44	4	1	33.33
76	002161	远望谷	16.0	12	0.00	50.00	4	2	50.00
77	002193	山东如意	16.0	8	0.00	100.00	4	2	20.00
78	002229	鸿博股份	16.0	13	0.00	36.36	4	2	54.55
79	002246	北化股份	16.0	11	0.00	88.89	4	2	22.22

续表

排序	股票代码	公司简称	董事会与监事会运作得分	董事会会议次数	监事会持股比例（%）	独立非执行董事比例（%）	委员会设立个数	董事长与总经理兼任情况（“1”表示兼任；“2”表示不兼任）	女性董事比例（%）
80	002259	升达林业	16.0	13	0.43	42.86	4	2	42.86
81	002273	水晶光电	16.0	9	0.14	66.67	4	2	55.56
82	002320	海峡股份	16.0	14	0.00	90.91	3	2	9.09
83	002381	双箭股份	16.0	9	5.06	45.45	4	2	27.27
84	002390	信邦制药	16.0	17	0.40	50.00	4	2	25.00
85	002392	北京利尔	16.0	12	3.97	45.45	4	2	9.09
86	002407	多氟多	16.0	15	0.64	37.50	4	2	25.00
87	002413	雷科防务	16.0	19	0.00	71.43	4	2	28.57
88	002450	康得新	16.0	12	0.00	71.43	3	2	57.14
89	002473	圣莱达	16.0	15	0.00	57.14	4	2	57.14
90	002485	希努尔	16.0	9	0.00	71.43	4	2	42.86
91	002491	通鼎互联	16.0	14	0.04	33.33	4	2	44.44
92	002539	新都化工	16.0	16	0.02	55.56	4	2	22.22
93	002569	步森股份	16.0	7	0.00	100.00	4	2	40.00
94	002607	亚夏汽车	16.0	12	0.11	33.33	4	2	55.56
95	002647	宏磊股份	16.0	10	0.01	50.00	4	2	50.00
96	002681	奋达科技	16.0	7	0.64	42.86	5	2	42.86
97	002713	东易日盛	16.0	11	1.79	42.86	4	2	28.57
98	002736	国信证券	16.0	18	0.00	37.50	5	2	25.00
99	300027	华谊兄弟	16.0	17	0.00	55.56	4	2	44.44
100	300174	元力股份	16.0	13	0.00	60.00	4	2	60.00

分报告三
信息披露与合规情况分析

信息披露制度是资本市场赖以存在和发展的基础，也是保护投资者利益的有力手段和武器。信息披露需要遵循“及时、准确、完整、真实、公平”原则，在达到合规要求的前提下，上市公司应更积极主动地进行信息披露，通过不同方式与境内外投资者沟通，建立一套诚信体系，帮助投资者全面了解企业。

截至2016年4月30日，共有1291家中小板（784家）和创业板（507家）上市公司披露2015年度年报，由于证监会重启IPO，因此较上一年度上市公司数量有井喷式的变化。随着我国多层次资本市场建设的推进，新兴产业和中小企业在国民经济中重要性更加凸现。中小板优势企业稳步成长，细分行业龙头不断涌现；创业板上市公司的创新特征愈加突出，一部分优质企业崛起，公司业绩分化现象明显。

2016年度报告在信息披露与合规方面我们选取了四个指标，分别为：①受证监会和交易所的处罚情况；②公司年报财务分析和经营风险分析；③上市公司公告中更正及补充说明的情况；④深圳证券交易所信息披露考核结果。

按照我们的筛选标准，共有1137家上市公司进入本次年度报告的样本范围。目前这四个指标的数据结果为全样本采集，并且所有数据基于的信息来源都是客观的公开信息。

执笔人：叶扬，中国社会科学院世界经济与政治研究所助理研究员。

一、处罚力度加大，违规情况依然严峻

从2015年深交所信息披露考评的结果看：其中有269家公司考核结果为A，约占参加考核上市公司总数的24%；724家公司考核结果为B，约占参加考核上市公司总数的64%；123家公司考核结果为C，约占参加考核上市公司总数的11%；21家公司考核结果为D，约占参加考核上市公司总数的2%。在样本相同的情况下（见图2.3.1与图2.3.2对比），考核结果分别为A（23.7%）和D（1.8%）的公司比例较2014年的比例基本持平，考核结果为B（63.7%）的公司比例均有所下降，考核结果为C的公司比例较2014年提高了将近3个百分点。

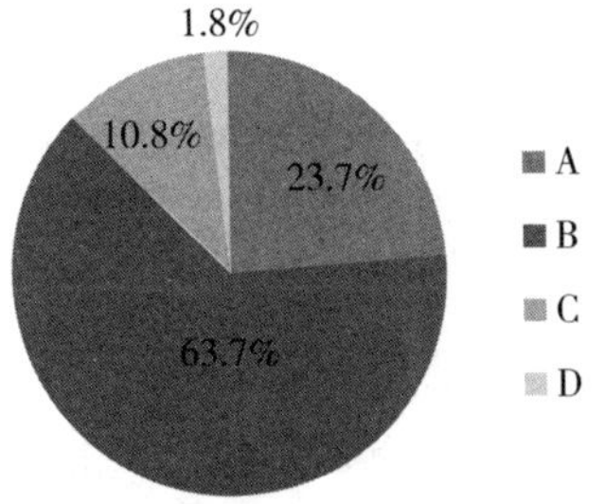

图2.3.1　2015年信息披露考评得分比例图

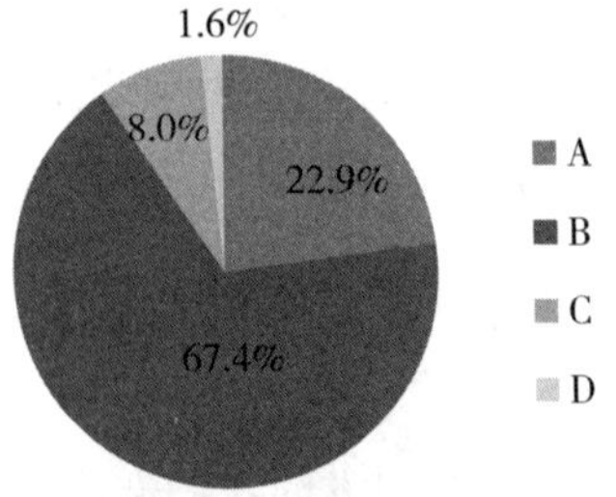

图2.3.2　2014年信息披露考评得分比例图

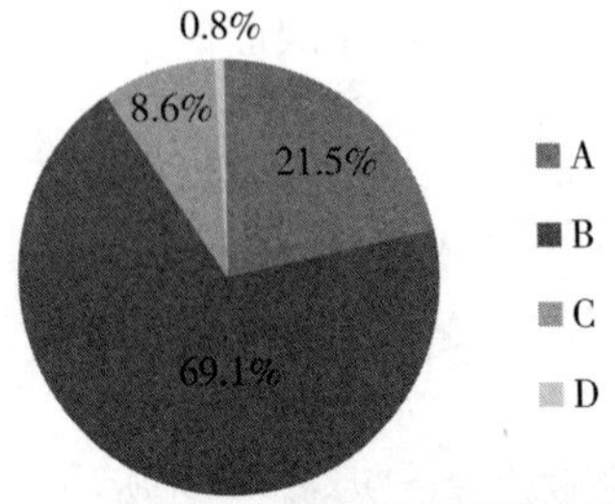

图2.3.3　2013年信息披露考评得分比例图

2015年，所有样本公司中受到证监会处罚的上市公司共有28家，受到深交所公开谴责和通报批评的上市公司各有8家和35家，没有受到任何惩处的上市公司数量是985家。违规的上市公司数量较之上一年有所下降。

从2016年上半年的违规统计数据来看，证监会共对88起案件作出处罚，作出行政处罚决定书109份，较2015年同期增长84.75%，罚没款共计25.54亿元，作出市场禁入决定书4份，对7人实施市场禁入，其中2人被实施终身市场禁入，行政处罚的结案效率和惩处力度持续提升，涉及上市公司的案件简列如下[①]。

其中，信息披露违法类案件处罚15起。博元投资（600656）因涉嫌违规披露、不披露重要信息罪和伪造、变造金融票证犯罪，2015年3月移送

---

① 相关资料来自证监会网站。

编造、传播虚假信息类案件处罚5起。其中，《中国连锁》杂志传播“黄光裕提前出狱”虚假信息、重庆云锦传媒传播“中国电信与中国联通合并，中国移动与广电网合并”虚假信息、赢商网传播“万达院线停牌将收购金逸影院及艺恩网”误导性信息，相关涉案主体被顶格处罚。市场信息发布的真实性、客观性是证券市场秩序的重要内容，广大投资者对于市场信息的合理信赖是证券市场健康运行的重要基础，编造传播误导性信息，损害了投资者的合理信赖，破坏了市场的诚信环境，构成对证券市场的扰乱，必须从严处罚。

期货操纵类案件处罚1起。陶暘、傅湘南通过集中资金优势、持仓优势连续交易以及在自己实际控制的账户之间相互交易等方式，操纵大连商品交易所“胶合板1502”期货合约价格，被处以300余万元罚没款并被采取期货市场禁入措施。此外，“聚氯乙烯1501”操纵案也已进入告知听证程序。期货操纵影响了期货市场价格发现功能的正常发挥。

私募基金违法类案件处罚3起。喆麟基金在募集过程中违反投资者适当性制度，中融金城在销售基金过程中存在向不特定对象公开宣传推介、违规承诺收益等多项违法行为，穗富投资违背承诺非法减持股票，均被处以相应的行政处罚。近几年私募基金行业取得较快发展，但违规运作也时有发生，市场规范化水平亟待提高，证监会将持续加大事中事后的监管执法力度，对违法行为依法从严处理，倒逼市场机构在事前即树立合规意识，确保行业可持续健康发展。

中介机构违法类案件处罚2起。利安达会计师事务所在对赛迪传媒2012年度财务报表审计过程中未勤勉尽责，被处以70万元罚没款处罚，签字注册会计师分别被处以警告和5万元罚款。开元资产评估有限公司在对好当家拟发行公司债券抵押担保资产进行评估过程中未勤勉尽责，被处以60万元罚没款处罚，签字注册评估师分别被处以警告及5万元罚款。中介机构是资本市场治理的一道重要防线，应当勤勉尽责地履行法定义务，证监会将不断加大对中介机构的监管执法力度，督促其归位尽责，发挥好资本市场“看门人”的作用。

股转系统挂牌公司违法类案件处罚2起。参仙源通过隐瞒人参采购、销售时少计成本以及通过不公允的关联交易虚增收入的方式虚增利润，被处以60万元顶格罚款。海格物流因未及时披露关联交易信息，被处以30万元罚款。股转系统是多层次资本市场的重要组成部分，证监会严格依照《国务院关于全国中小企业股份转让系统有关问题的决定》，比照《证券法》关于市场主体法律责任的相关规定，对股转系统严格执法，加强事中事后监管，保障投资者合法权益。

公安机关，博元投资暂停上市，2016年5月终止上市。欣泰电气（300372）涉嫌欺诈发行及信息披露违法，经听证复核已进入结案程序。亚太实业案（000691）、荣丰控股案（000668）、康华农业案（涉及中小板块的步森股份）的相关违法主体被顶格处罚，上海宝银案的违法主体滥用股东权利，在非指定信息披露媒体自行发布对上市公司股价可能产生较大影响的信息，构成信息披露违法违规行为，被依法处理。发行人、上市公司的信息披露违法行为涉众面广，社会影响大，破坏资本市场的诚信基础。内幕交易类案件处罚30起。其中，苏嘉鸿内幕交易“威华股份”（002240）案罚没金额超1亿元，申启永内幕交易“绵世股份”（000609）案、欧阳俊东内幕交易“胜利精密”（002426）案、张海光内幕交易“任子行”（300311）案、黄芝颢内幕交易“世荣兆业”（002016）案等5起案件罚没金额均超过1000万元，夏雪、石乃珊内幕交易“平潭发展”（000592）案，刘如宝、邵东平内幕交易“中钢吉炭”（000928）案，李彩霞内幕交易“新潮实业”（600777）案，钟迅内幕交易“普邦园林”（002663）案，王智元内幕交易“佐力药业”（300181）案等5起案件罚没金额均超过500万元。有24起案件的涉案内幕信息与上市公司非公开发行或重大资产重组事项相关，占比80%。上市公司资产并购市场的持续升温，为个别“内部人士”谋取个人私利提供了可乘之机，他们利用信息优势从事内幕交易，或者泄露内幕信息给他人，严重违背了其对于公司和股东所担负的信义义务，有的甚至造成股价异常波动而影响并购重组的正常进程。

市场操纵类案件处罚18起。其中，中鑫富盈、吴峻乐操纵“特力A”（000025）等股票案罚没金额超过10亿元，黄信铭操纵“首旅酒店”（600258）等股票案罚没金额超过5亿元，瞿明淑操纵“恒源煤电”（600971）等股票案、唐隆操纵“渤海活塞”（600960）股票案罚没金额超过1亿元，穗富投资操纵“万福生科”（300268）等股票案、陈贇操纵“美欣达”（002034）等股票案罚没金额超过1000万元，胡坤明操纵“九洲电气”（300040）等股票案、陈明贤操纵“上工申贝”（600843）等股票案罚没金额超过500万元。随着市场结构、市场深度、流动性的变化和交易品种的增多，操纵行为呈现出一些新的手法和特点，如不同于传统的“坐庄式”操纵，吴峻乐案、瞿明淑案的违法主体通过“短频快”的方式，在短时间内完成“建仓—拉抬—出货”过程；江泉案、陈岑宇案违法主体利用融券交易T+0日内回转机制，通过以明显高于市场同时刻买一档量的卖单频繁委托连续申报卖出打压股价，待股价下跌后即反向买入的手法获利；朱德洪案则首次被认定为利用信息优势操纵市场。市场操纵行为破坏了市场正常的价量形成机制，扰乱了市场信号，降低了市场效率，无论其采用何种手段，均不能逃避法律的制裁。

短线交易类案件处罚3起。苏泊尔集团作为持股“苏泊尔”（002032）5%以上的股东，因短线交易“苏泊尔”被处以警告。皖江物流（600575）时任股东代表监事艾强，因任职期间短线交易本公司股票被处以警告、6万元罚款。汉鼎股份（300300）时任财务总监王智斌，因任职期间短线交易本公司股票被处以警告、3万元罚款。上市公司董事、监事、高级管理人员和大股东，客观上具备“内部人”的信息优势，短线交易背后往往掩盖着滥用此种优势谋取私利的动机，违背了大股东对于中小股东、董监高对于股东所担负的信义义务。证监会通过严厉打击短线交易行为，切实为处于信息劣势地位的广大中小投资者提供保护屏障，将“三公”原则落到实处。

案例　　欣泰电气

2016年资本市场监管方面的一件重磅大事就是“欣泰电气”（300372）成为创业板因欺诈而退市的第一股。根据《深圳证券交易所创业板股票上市规则（2014年修订）》的规定，经深交所上市委员会审议通过，决定丹东欣泰电气股份有限公司股票自2016年9月6日起暂停上市。欣泰电气当日也公告确认，并提示“一退到底”的风险。股票暂停上市期间，深交所责令欣泰电气继续做好信息披露等工作。

2015年5月，根据证监会《上市公司现场检查办法》，辽宁证监局对辖区内的欣泰电气进行现场检查。检查发现，欣泰电气可能存在财务数据不真实等问题。经调查，从2011年到2014年，持续四年，六期财务报告，每期虚构收回应收账款从7000多万元到近2亿元不等。2011年，欣泰电气曾闯关创业板，被证监会以营利能力差为由否决。上述招股书称，报告期内该公司营业收入和净利润稳步增长，2009年度至2011年度平均增长率分别为18.75%和17.71%。2012年6月，丹东欣泰电气股份有限公司（以下简称欣泰电气）发布首发招股说明书（申报稿），谋求创业板上市，并于7月3日二次上会。欣泰电气以载有虚假数据的招股说明书于2014年3月堂而皇之地登陆A股，募集资金2亿多元。欣泰电气招股书中关于公司荣誉陈述也存在虚假部分，涉嫌虚假宣传，产品获得“中国电力优质设备”称号，实为山寨版荣誉称号，名不副实。

2016年7月7日，欣泰电气收到中国证监会《行政处罚决定书》（〔2016〕84号）及《市场禁入决定书》（〔2016〕5号），针对公司IPO申请文件中相关财务数据存在虚假记载及上市后披露的定期报告中存在虚假记载和重大遗漏等违法行为，对公司及部分时任董事、高管给予相应行政处罚。欣泰电气因触及《深圳证券交易所创业板股票上市规则（2014年修订）》第13.1.1条规定的欺诈发行或者重大信息披露违法情形，由深交所于2016年9月2日作出了公司股票自9月6日起暂停上市的决定。对欣泰电气实际控制人温德乙作出罚款892万的行政处罚并采取终身证券市场禁入措施。

之后，欣泰电气分别于7月22日、8月9日召开第三届董事会第三十一次（临时）会议与2016年第二次临时股东大会，审议通过了关于向中国证监会提起行政复议的事项。受雇于欣泰电气的专业律师团队已向中国证监会提交了行政复议的相关书面文件，温德乙也通过受雇的专业律师团队向中国证监会提交了行政复议的相关书面文件。

11月3日，欣泰电气和温德乙均收到中国证监会的《行政复议延期审理通知书》。中国证监会在《行政复议延期审理通知书》中表示:“您对中国证券监督管理委员会《行政处罚决定书》（〔2016〕84号）、《市场进入决定书》（〔2016〕5号）不服提出的行政复议申请，本会已发已予受理。因本案情况复杂，不能在60日内作出行政复议决定。根据《中华人民共和国行政复议法》第三十一条第一款的规定，行政复议决定延期至2016年12月5日前（含当日）作出。”行政复议延期并不必然导致行政处罚停止执行，除非行政复议对行政处罚做出重大改变，才会对投资者维权产生实质性影响。

二、公告补充更正及年报数据情况：不容乐观

从上市公司公告补充及更正情况看，上市公司“打补丁”情况有所好转。2015年“打补丁”最严重的上市公司（“鞍重股份”、“恒顺众昇”）全年均发生9次补充更正，没有发生补充更正情况的公司数量为433家；而2014年“打补丁”最多的一家上市公司（ST云网、中科云网）一年有13次这种情况。从下文的上市公司具体情况分析中，我们可以得知信息披露与上市公司的经营状况之间是紧密相关的。

表2.3.1　　2013～2015年公告补充及更正次数公司数量统计　　单位：家

补更次数	0	1	2	3	4	5	6	7	8	9	10	11	12	13
2015年	433	354	183	91	43	20	6	3	2	2	0	0	0	0
2014年	442	280	190	68	46	19	5	2	2	0	0	1	0	1
2013年	522	324	123	59	20	5	1	1	1	0	0	0	0	0

案例　　鞍重股份

2016年5月11日，鞍重股份向证监会报送了申请材料，公司拟进行重大资产置换，置入资产为九好集团全部股权，交易作价

37.1亿元，实际控制人变更，交易构成借壳上市，并拟定增募集资金共计17亿元。

鞍重股份重大资产重组申请材料获证监会受理不久，当月相继收到证监会《调查通知书》：因公司和重大资产重组标的资产“九好集团”因涉嫌违反证券法律法规，证监会决定对双方进行立案调查，并中止审查公司本次重大资产重组行政许可申请。

鞍重股份于2016年5月27日收到中国证监会《调查通知书》（编号：浙证调查字2016127号）。因公司涉嫌违反证券法律法规，根据《证券法》的有关规定，中国证监会决定对公司进行立案调查。城门失火池鱼遭殃，鞍重股份（002667）重组因西南证券（600369）涉嫌违法被立案而申请撤回。鞍重股份（002667）重组标的和财务顾问西南证券均被立案调查后，6月24日，公司接到通知，因本次重大资产重组独立财务顾问西南证券被立案调查，公司并购重组申请被暂停审核。6月27日晚间公司发布公告，董事会同意向证监会申请撤回重大资产重组文件。

事实上，鞍重股份与九好集团之间的“交往”早在九好集团借壳*ST星美失利后就开始了。2015年，九好集团掌门人郭丛军拟作价37亿借壳鞍重股份，以圆上市梦。而近年来受累煤炭行业低迷而业绩不断下滑的鞍重股份也在公告中宣称通过资产置换将营利性较弱的资产剥离出上市公司，希望借此脱胎变成一家资产优质的后勤托管服务企业。

鞍重股份此举，不免让人联想到过去曾经头顶“国内A股首家民营餐饮上市企业”头衔的“湘鄂情”，摇身一变更名为“中科云网”，在多次公告中宣称将网络新媒体和大数据领域作为公司战略转型的基本方向。但是，2015年年报显示：业务经营方面，中科云网通过重大资产出售，将酒楼、食品加工、快餐等亏损业务进行了剥离，仅保留了团膳业务；公司原先的核心竞争力主要表现在湘鄂情品牌酒楼餐饮服务及复合风味菜系等方面，通过重大资产剥离及

"湘鄂情"系列商 标的转让后，公司已经丧失在该领域的核心竞争力；截至2015年报披露日，公司正在进行重大资产重组（发行股份购买资产并配套募集资金），重新确立公司新的业务结构，完善公司治理，并尽快形成新的核心竞争力。而中科云网2015年的营业收入当中高达89%的份额还是由餐饮业务贡献的，可谓借壳转型路漫漫。

案例　　恒顺众昇

2016年7月1日，恒顺众昇发布《关于股票存在被实施暂停上市风险的提示性公告》中显示，公司于2015年8月3日收到中国证监会调查通知书。因公司涉嫌违反证券法律法规，根据《中华人民共和国证券法》的有关规定，决定对公司进行立案调查。截至公告发布，公司尚未收到中国证监会的最终调查结论文件。如果公司因此受到中国证监会行政处罚，并且在行政处罚决定书中被认定构成重大违法行为，或者因涉嫌违规披露、不披露重要信息罪被依法移送公安机关的，公司将触及欺诈发行或者重大信息披露违法情形。事实上，恒顺众晟在2015年上半年经历过管理层大变动，包括公司董事、总裁陈肖强、监事会主席应明在内，8位高层"因个人原因"辞职。

2015年11月5日，恒顺众昇发布了《关于青岛证监局对公司出具警示函措施》的公告。根据公告内容显示，监管机构认为恒顺众昇存在未能严格执行内幕信息知情人登记管理制度（公司前任财务总监兼董事会秘书王艳强违反了《证券法》七十六条关于禁止泄露内幕信息的规定，被处以30万元罚款）以及员工持股计划信息披露存在瑕疵（公司员工持股计划实际由公司员工近200人自筹1000万元，向董事长借款1000万元，合计出资2000万元，推选10名名义持有人代为认购"宝盈恒顺共赢3号特定多客户资产管理计划"进取型份额，与公司2015年1月19日披露的员工持股计划不符）等两个问题。而在此之后，恒顺众昇又发布了多条《关于股票存在被实施暂停上市风险的提示性公告》。

但是，作为一支多次出现退市风险提示的创业板股票，恒顺众昇2016年7月13日出现了涨停板，截至收盘，报16.24元/股，换手率9.28%，成交额5.32亿元。

年报是投资者了解上市公司的重要途径，一份详尽明晰的年报可以提供很多有价值的信息。一般而言，上市公司需在年报的董事会报告一节对公司的财务状况进行文字描述，并分析公司面临的各种风险和应对策略。对年报质量，我们主要从三个方面进行评价打分：①上市公司营利能力、营运能力、偿债和发展能力；②内控报告的充实情况；③对市场风险的定性和定量分析。

按照年报质量从翔实到简单，从5分到1分，分5档打分。数据统计结果表明：有310家上市公司得到5分，433家上市公司得到4分，252家上市公司得到3分，得2分和1分的上市公司分别是57家和85家。

表2.3.2　　2013～2015年上市公司年报质量得分情况（%）

年报质量	5分	4分	3分	2分	1分
2015年	27.3	38.1	22.2	5.0	7.5
2014年	19.1	23.9	28.7	18.0	10.3
2013年	10.2	41.3	36.1	11.7	0.6

有些行业的上市公司年报披露状况与国家政策变化息息相关。2015年国家有关部门对新能源汽车扶植政策不断加码，包括减免新能源车船购置税、开放电动乘用车准入等。密集出台的刺激政策，加之高额的政府补贴，促使新能源汽车市场持续火爆。相关产业上市公司年报自然亮眼。2016年3月29日，比亚迪汽车（002594）公布了其2015年度财务数据，年报显示，公司2015年实现营业收入800.09亿元，同比增长37.48%；净利润为28.23亿元，同比增长551.28%。其中新能源板块业务暴涨，收益达到193.4亿元，销量达

到5.8万辆。多氟多（002407）亦受益于新能源汽车热，由于其主要产品动力锂电池和六氟磷酸锂需求旺盛，完成营业总收入2196783013元，同比增长2.67%；净利润为39191519元，同比增长828.28%。

案例　　碧水源

碧水源作为多次当选我中心年度报告评选50强的创业板上市公司，近年来没有受到监管部门任何处罚，信息披露考评得分为A，年报质量得分为满分5分。

北京碧水源科技股份有限公司是由归国学者于2001年在中关村国家自主创新示范区创办的高科技企业。目前公司净资产超过135亿，在国内外拥有超过80家子公司。碧水源于2010年4月21日在深交所创业板挂牌上市，上市后市值一直处于创业板前列，复合增长率达50%。2015年，国家开发银行的国开金融持有碧水源10.48%的股份，成为碧水源主要股东。碧水源是国家首批高新技术企业、国家创新型企业。公司具有完全自主知识产权的全产业链膜技术（微滤、超滤、纳滤、反渗透），也是中国唯一一家集膜材料研发、膜设备制造、膜工艺应用于一体的企业。

碧水源站在全球行业领导者的高度，以自主创新的膜技术为核心竞争力，使我国的污水处理工艺技术和装备水平得到了极大提升，成为我国重点流域污水处理和资源化的中坚力量，为我国环保行业的供给侧升级提供技术和经济支撑，卓有成效地推进以山水林田湖为生命共同体的生态文明建设。

随着十八届三中全会提出要加快生态文明制度建设，国家刚刚推出《水污染防治行动计划》以及国家“十三五”规划的制定和国家节能减排政策的进一步推进，为水处理行业特别是污水资源化行业带来了难得的发展机遇。水污染治理要求迫切，污水处理与污水资源化市场巨大，我国水污染治理水平还较为落后，治理任务仍相当艰巨，加快水污染治理的要求依然十分迫切。国务院印发的《水污染防治行动计划》，预计国家将投入2万亿，带动近5万亿资金来进行水污染治理。

2015年，公司实现营业收入5214260272.86元，同比增长51.17%；实现利润总额1695057427.31元，同比增长44.28%；实现归属于母公司的净利润1361697953.99元，同比增长44.74%，取得了较好的业绩增长，完成了董事会年初制定的发展目标。上述指标增长的主要原因是在国家加强生态文明建设的大环境下，国家环保政策开始稳步实施，国家《水污染防治行动计划》的推出，即将开始的环境税征收等，使得我国开始采取更强手段、更严格排放标准、污水再生、零排放等成为国家治理水污染的发展方向。

案例　　天马科技

天马科技作为一只准新股，原计划于2016年11月22日进行网上、网下申购。但是，因出现媒体质疑公司主要原材料、销售价格等数据造假，天马科技于上市前一天2016年11月21日晚间公告，公司与保荐机构海通证券协商，出于保护投资者权益的考虑，决定暂缓后续发行工作。而此前，天马科技首次公开发行股票总量不超过5300万股A股的申请已获得证监会核准，并于11月17日完成初步询价。

有媒体报道称，天马科技所披露的2011～2015年鱼粉采购量与其自身的海关进口数据存在高达38.12%～65.75%的缺口。同时，将近4亿元的鱼粉采购量也超出相关供应商自身的进口量。其中，其采购额累计超过7亿元的五家鱼粉供应商没有海关记录。此外，天马科技涉嫌通过虚增饲料销售价格、虚增核心客户销售量等虚增营业收入和利润。

三、完善监管制度，加强监管力度

2016年G20杭州峰会的主题之一是“让世界经济走上强劲、可持续、平衡、包容增长之路”，中国作为最大的发展中国家，要积极参与全球治理体系，那么完善资本市场的制度体系就是重中之重，提高监管水平是监管部门的工作重点。简单回顾2015～2016年相关监管部门的一些工作内容。

2015年第二季度深交所召开上市公司自律监管工作会议，明确了下一步的工作重点①。

一是着力推进监管转型，实现监管公开，提升监管透明度。建立健全年报问询函等监管函件及公司回复说明的对外公开机制，有序扩大问询函件和公司复函的公开范围，探索信息披露考核过程与结果的定期公开或实时公开。研究制定权力清单、责任清单和负面清单，进一步优化审核登记事项动态清理机制，提高审核登记事项办理效率。积极利用新闻发布会、微博、微信等渠道，强化舆论引导和社会监督。

二是以投资者需求为导向，完善信息披露规则体系，创新信息披露方式。配合注册制改革，修订完善《股票上市规则》、《上市公司规范运作指引》等自律规则，精简整合信息披露业务备忘录。结合“深港通”，深入分析深港两地信息披露差异，研究解决跨市场、跨境信息披露规则协同性问题。以实时化、定制化和简明化为目标，优化强制性信息披露；基于可比性、一贯性原则，鼓励自愿性、互动式和特色化的信息披露，形成强制性披露与自愿性披露、互动式披露相结合的信息披露新方式。

三是全面推进信息披露直通车，促进市场主体归位尽责。全面扩大信息披露直通车公司范围，将信息披露考核为D和新上市公司纳入直通范围。进一步扩大直通公告范围，实现敏感信息的完全隔离。在推出交易日早间及非交易日信息直通披露制度基础上，研究进一步延长晚间直通披露时间，提高直通披露效率。

---

① 《中国证券报》，2015年4月14日。

四是以问题和风险为导向，优化分类监管与风险排查，提升监管效能。以大数据监管思维，优化分类监管指标体系，提高问题与风险的发现能力。探索实施更具针对性的定期报告事后审核机制，试行部分公司豁免审核、部分重点高风险公司定期报告交叉审核模式。优化监管分工AB角制度，建立多人监管小组制度，强化约束和制衡机制，统一监管标准。以注册制改革为契机，研究制定上市公司持续上市条件。

五是有序推进分行业监管，提升监管的专业性。优化完善行业分类标准，提升行业分类的科学性。有序推进分行业监管，提高行业监管的覆盖面，重点推进新兴行业、现有规则不能充分体现其特征的行业和高风险行业的分行业监管工作。完善行业披露指引体系，出台互联网、节能环保等行业信息披露指引，研究制定和完善房地产、矿业、畜牧业等行业信息披露指引。

六是加强对新模式和新情况研究，提升监管的有效性和快速反应能力。深入研究市场新问题和新模式，继续践行“首案研判”做法，起草“PE+上市公司”投资模式信息披露备忘录，研究并购重组多主业问题、市值管理监管难点等新问题。强化并购重组事后监管，开展并购重组回头看专项监管工作。研究建立重大新型事项专家评议机制，通过法律论证、专家论证、市场论证等手段，探索建立快速评议、快速反馈机制。配合注册制改革，确保IPO信息披露和上市后持续信息披露的一致性，实现上市审核与持续信息披露监管的无缝衔接。

七是探索大数据监管模式，实现“科技”监管，提升监管协作与共享水平。在上市公司财务、非财务信息披露海量数据的基础上，进一步探索利用以“互联网搜索”、“文本挖掘”、“XBRL”、“云计算”等大数据技术，逐步实现公告信息数据化，公司披露信息与舆情信息、举报信息、公司历史披露信息的交叉可对比性。进一步优化信息共享平台，增强现有的财务分析系统的功能。强化上市公司监管协作机制，继续落实证监会有关监管协作规程和深交所与相关证监局签订的监管协作备忘录，形成监管合力。

2015年11月，深交所发布实施《主板上市公司公开谴责标准》（以下简称“主板公开谴责标准”），明确了主板上市公司公开谴责的认定标准。至此，深市主板、中小板（2013年发布）、创业板（2011发布）上市公司的公开谴责标准全部公开并实施，这是深交所进一步健全完善多层次自律监管机制、提升自律监管透明度的重要举措。

实行分行业披露是深交所深化创业板行业监管，转变信息披露监管方式，大力推进监管转型的重要举措之一。此举主要有三个方面的意义：一是增强市场透明度，促进完善市场约束机制；二是契合创业板公司特点，加大对新兴产业发展的支持力度；三是提升自律监管效能，落实信息披露为中心的监管理念。2015年12月28日，为规范深圳证券交易所上市公司从事畜禽、水产养殖业务、房地产业务和固体矿产资源相关业务所涉及的信息披露行为，保护投资者的合法权益，制定了《深圳证券交易所行业信息披露指引第1号——上市公司从事畜禽、水产养殖业务》、《深圳证券交易所行业信息披露指引第2号——上市公司从事固体矿产资源相关业务》和《深圳证券交易所行业信息披露指引第3号——上市公司从事房地产业务》。时隔不到一年，2016年11月14日，深交所又发布了《深圳证券交易所行业信息披露指引第4号——上市公司从事种业、种植业务》、《深圳证券交易所行业信息披露指引第5号——上市公司从事工程机械相关业务》和《深圳证券交易所行业信息披露指引第6号——上市公司从事装修装饰业务》。

证监会上市部巡视员兼副主任赵立新在2016年第一期上市公司董事长、总经理研修班上表示，2016年证监会将加强上市公司监管，在信息披露方面进一步修订上市公司信息披露管理办法，推进分行业信息披露体系建设，完善上市公司股权质押信息披露规则，完善大宗交易减持信息规则，增加具体受让人信息等。关于上市公司监管，赵立新表示，信息披露监管体系建设是上市公司监管工作的重中之重。信息披露是解决资本市场信息不对称、规范市场主体行为、帮助投资者决策的基本制度安排。《国务院关于进一步促进资本市场健康发展的若干意见》明确提出“督促上市公司以投资者需求为导向，履行好信息披露义务”。因此，完善以投资者需求为导向的信息披露体系建设不仅是落实国务院要求，也是实现证监会监管转型的重要内容。

表2.3.3 “信息披露与合规”评价得分100强

排序	股票代码	公司简称	信息披露与考评得分	受证监会、交易所处罚情况（“0”表示受证监会处罚；“1”表示受交易所公开谴责；“3”表示受交易所通报批评；“5”表示没有受到处罚）	年报质量（“5”表示质量最好，“1”表示质量最差）	公司公告中补充说明次数	信息披露考核结果
1	002025	航天电器	25.0	5	5	0	A
2	002039	黔源电力	25.0	5	5	0	A
3	002108	沧州明珠	25.0	5	5	0	A
4	002116	中国海诚	25.0	5	5	0	A
5	002120	新海股份	25.0	5	5	0	A
6	002140	东华科技	25.0	5	5	0	A
7	002152	广电运通	25.0	5	5	0	A
8	002165	红宝丽	25.0	5	5	0	A
9	002230	科大讯飞	25.0	5	5	0	A
10	002271	东方雨虹	25.0	5	5	0	A
11	002275	桂林三金	25.0	5	5	0	A
12	002296	辉煌科技	25.0	5	5	0	A
13	002302	西部建设	25.0	5	5	0	A
14	002327	富安娜	25.0	5	5	0	A
15	002332	仙琚制药	25.0	5	5	0	A
16	002339	积成电子	25.0	5	5	0	A
17	002394	联发股份	25.0	5	5	0	A
18	002419	天虹商场	25.0	5	5	0	A
19	002507	涪陵榨菜	25.0	5	5	0	A
20	002546	新联电子	25.0	5	5	0	A

续表

排序	股票代码	公司简称	信息披露与考评得分	受证监会、交易所处罚情况（“0”表示受证监会处罚；“1”表示受交易所公开谴责；“3”表示受交易所通报批评；“5”表示没有受到处罚）	年报质量（“5”表示质量最好，“1”表示质量最差）	公司公告中补充说明次数	信息披露考核结果
21	002641	永高股份	25.0	5	5	0	A
22	002673	西部证券	25.0	5	5	0	A
23	002692	远程电缆	25.0	5	5	0	A
24	002736	国信证券	25.0	5	5	0	A
25	300010	立思辰	25.0	5	5	0	A
26	300012	华测检测	25.0	5	5	0	A
27	300017	网宿科技	25.0	5	5	0	A
28	300027	华谊兄弟	25.0	5	5	0	A
29	300050	世纪鼎利	25.0	5	5	0	A
30	300072	三聚环保	25.0	5	5	0	A
31	300073	当升科技	25.0	5	5	0	A
32	300084	海默科技	25.0	5	5	0	A
33	300124	汇川技术	25.0	5	5	0	A
34	300160	秀强股份	25.0	5	5	0	A
35	300171	东富龙	25.0	5	5	0	A
36	300172	中电环保	25.0	5	5	0	A
37	300174	元力股份	25.0	5	5	0	A
38	300183	东软载波	25.0	5	5	0	A
39	300185	通裕重工	25.0	5	5	0	A
40	300203	聚光科技	25.0	5	5	0	A

续表

排序	股票代码	公司简称	信息披露与考评得分	受证监会、交易所处罚情况（“0”表示受证监会处罚；“1”表示受交易所公开谴责；“3”表示受交易所通报批评；“5”表示没有受到处罚）	年报质量（“5”表示质量最好，“1”表示质量最差）	公司公告中补充说明次数	信息披露考核结果
41	300221	银禧科技	25.0	5	5	0	A
42	300222	科大智能	25.0	5	5	0	A
43	300227	光韵达	25.0	5	5	0	A
44	300233	金城医药	25.0	5	5	0	A
45	300294	博雅生物	25.0	5	5	0	A
46	300310	宜通世纪	25.0	5	5	0	A
47	300314	戴维医疗	25.0	5	5	0	A
48	300341	麦迪电气	25.0	5	5	0	A
49	002008	大族激光	24.0	5	4	0	A
50	002029	七匹狼	24.0	5	4	0	A
51	002030	达安基因	24.0	5	4	0	A
52	002055	得润电子	24.0	5	4	0	A
53	002156	通富微电	24.0	5	4	0	A
54	002169	智光电气	24.0	5	4	0	A
55	002184	海得控制	24.0	5	4	0	A
56	002206	海利得	24.0	5	4	0	A
57	002249	大洋电机	24.0	5	4	0	A
58	002251	步步高	24.0	5	4	0	A
59	002254	泰和新材	24.0	5	4	0	A
60	002277	友阿股份	24.0	5	4	0	A

续表

排序	股票代码	公司简称	信息披露与考评得分	受证监会、交易所处罚情况（“0”表示受证监会处罚；“1”表示受交易所公开谴责；“3”表示受交易所通报批评；“5”表示没有受到处罚）	年报质量（“5”表示质量最好，“1”表示质量最差）	公司公告中补充说明次数	信息披露考核结果
61	002283	天润曲轴	24.0	5	4	0	A
62	002311	海大集团	24.0	5	4	0	A
63	002317	众生药业	24.0	5	4	0	A
64	002335	科华恒盛	24.0	5	4	0	A
65	002344	海宁皮城	24.0	5	4	0	A
66	002360	同德化工	24.0	5	4	0	A
67	002372	伟星新材	24.0	5	4	0	A
68	002399	海普瑞	24.0	5	4	0	A
69	002415	海康威视	24.0	5	4	0	A
70	002482	广田集团	24.0	5	4	0	A
71	002509	天广中茂	24.0	5	4	0	A
72	002510	天汽模	24.0	5	4	0	A
73	002542	中化岩土	24.0	5	4	0	A
74	002544	杰赛科技	24.0	5	4	0	A
75	002561	徐家汇	24.0	5	4	0	A
76	002573	清新环境	24.0	5	4	0	A
77	002631	德尔未来	24.0	5	4	0	A
78	002635	安洁科技	24.0	5	4	0	A
79	002643	万润股份	24.0	5	4	0	A
80	002644	佛慈制药	24.0	5	4	0	A

续表

排序	股票代码	公司简称	信息披露与考评得分	受证监会、交易所处罚情况（“0”表示受证监会处罚；“1”表示受交易所公开谴责；“3”表示受交易所通报批评；“5”表示没有受到处罚）	年报质量（“5”表示质量最好，“1”表示质量最差）	公司公告中补充说明次数	信息披露考核结果
81	002678	珠江钢琴	24.0	5	4	0	A
82	002695	煌上煌	24.0	5	4	0	A
83	002709	天赐材料	24.0	5	4	0	A
84	300009	安科生物	24.0	5	4	0	A
85	300114	中航电测	24.0	5	4	0	A
86	300118	东方日升	24.0	5	4	0	A
87	300121	阳谷华泰	24.0	5	4	0	A
88	300176	鸿特精密	24.0	5	4	0	A
89	300193	佳士科技	24.0	5	4	0	A
90	300197	铁汉生态	24.0	5	4	0	A
91	300251	光线传媒	24.0	5	4	0	A
92	300336	新文化	24.0	5	4	0	A
93	300356	光一科技	24.0	5	4	0	A
94	300385	雪浪环境	24.0	5	4	0	A
95	300389	艾比森	24.0	5	4	0	A
96	002001	新和成	23.0	5	3	0	A
97	002003	伟星股份	23.0	5	3	0	A
98	002010	传化股份	23.0	5	3	0	A
99	002020	京新药业	23.0	5	3	0	A
100	002024	苏宁云商	23.0	5	3	0	A

分报告四 激励机制

监督和激励是公司治理的两个重要机制。监督乃保证基本的行为规范，保证底线要求。激励乃着眼于更高的目标，提升激励对象的主观能动性。如果公司拥有良好的激励机制，人人自我约束，主动投入工作，且工作充满热情，公司可以只需少量的监督措施，甚至不需要监督措施即可。因此在一定程度上，激励比监督更重要。激励机制成为《G20/OECD公司治理原则》的单独一章，而监督机制却只散落在各章的小节中，没有成为专门主题。

对于中小板、创业板上市公司而言，大多是高科技行业，规模小于主板公司，成长速度快，知识、技术和人力资本对公司的重要性往往大于资本的重要性，对管理层、核心技术人员和员工的激励就显得尤为重要。一个完善的激励机制通常包括底薪、奖金与补贴，及股权激励等，并需结合公司业绩和同行业情况。深交所中小板、创业板上市公司的激励机制是否完善？存在哪些特点?我们将从薪酬激励、股权激励、薪酬与业绩的对比、长短期激励、核心技术人员激励、员工持股计划等几个方面分别考察。

执笔人：党印，中国劳动关系学院副教授。

一、薪酬激励：创业板总体表现优于中小板

2015年中小板、创业板上市公司董监高薪酬总额平均值为468万元，最小值为24万元（凯瑞德），最大值为5929.8万元（金风科技），中位数是363万元。按董监高总共15人计算，则2015年每人平均年薪为31.2万元。按薪酬区间的统计结果显示，2/3公司的董监高薪酬总额在100万～500万元之间。92%的公司董监高薪酬总额在100万～1000万元之间，且公司数量呈均匀分布。这表明中小板、创业板上市公司的董监高薪酬总额存在较大差异。

纵向来看，自2012年以来，两板块上市公司董监高年薪的平均值呈小幅上升趋势，从368万元上升到468万元。

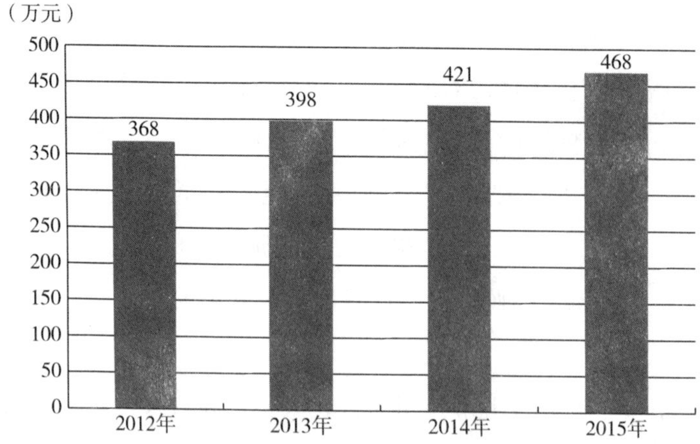

图2.4.1　2012～2015年董监高年薪总额的平均值

更明显的差异是，2015年，有12家公司董监高薪酬总额在100万元以下，78家公司的董监高薪酬总额在1000万元以上。从业绩上看，薪酬最低的12家公司营业收入增长率的平均值为-11.34%，净资产收益率平均值为-8.57%。薪酬最高的78家公司的营业收入增长率的平均值为37%，净资产收益率平均值为14.48%。中间1047家公司董监高薪酬在100万元以上1000万元以下，其营业收入增长率的平均值为19.19%，净资产收益率平均值为6.06%。总体上董监高薪酬总额与营业收入增长率的相关系数为0.11，在10%

的水平上具有显著性。

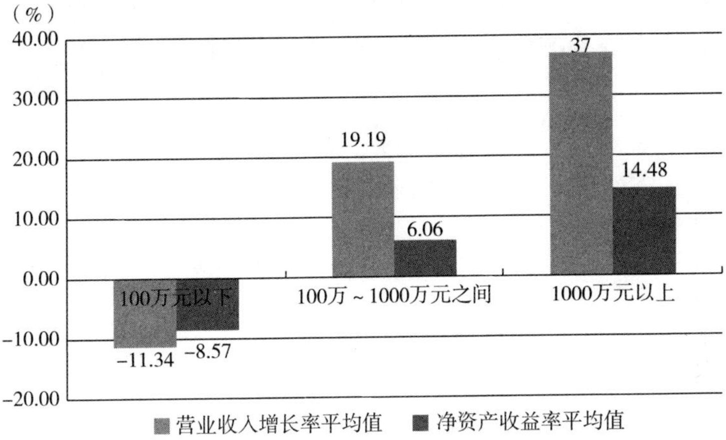

图2.4.2　不同的董监高年薪区间对应的财务绩效

进一步分析发现，董监高薪酬总额在100万元以下的12家公司中，有11家来自中小板，仅1家来自创业板。董监高薪酬在1000万元以上的78家公司中，有62家来自中小板，16家来自创业板。这表明，创业板公司董监高薪酬的总体水平更接近，中小板公司董监高薪酬两极分化现象更明显。

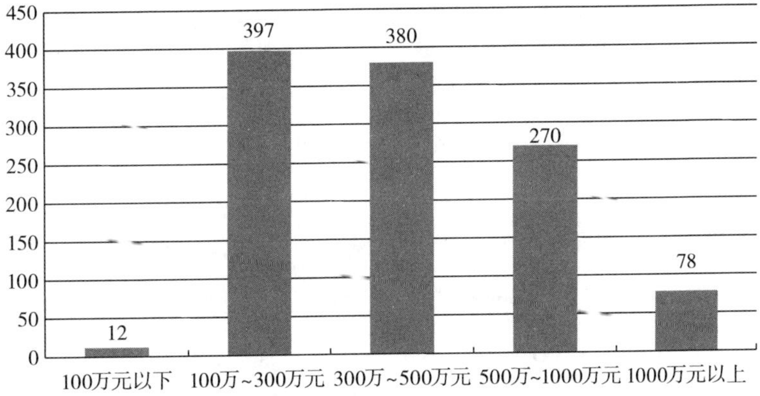

图2.4.3　按董监会薪酬总额的统计的公司数量分布

分行业看，金融行业（J）董监高薪酬总额最多，其次是房地产业（K）、租住和商务服务业（L）、建筑业（E），这三个行业具有一定的关联性，说明房地产的上下游产业仍是除金融业外的高薪行业。行业G（交通运输、仓储和邮政业）和行业D（电力、热力、燃气及水生产和供应业）乃公共服务行业，高管薪酬垫底，在很大程度上与公司的行业属性和国有属性有关。

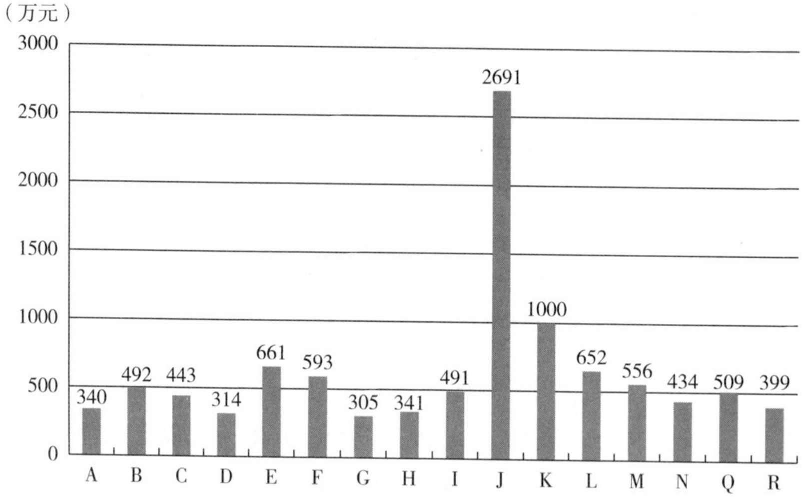

图2.4.4　分行业高管薪酬总额分布

注：A农林牧渔业；B采矿业；C制造业；D电力、热力、燃气及水生产和供应业；E建筑业；F批发和零售业；G交通运输、仓储和邮政业；H住宿和餐饮业；I信息传输、软件和信息技术服务业；J金融业；K房地产业；L租住和商务服务业；M科学研究和技术服务业；N水利、环境和公共设施管理业；Q卫生和社会工作；R文化、体育和娱乐业。

从增长率看，董监高薪酬总额增长率平均值为14.74%，最大值为758%，最小值为-52%，中位数是5.82%，四分之三分位数是22.89%，表明大部分公司董监高薪酬增长率非常平稳。董监高薪酬总额与营业收入增长率的相关系数为0.1，在10%的水平上具有显著性。董监高薪酬增长率与营业收入增长率之间的相关系数为0.24，在10%的水平上具有显著性。散点图显示，董监高薪酬与营业收入增长率呈正向的关系，董监高薪酬增长率与营业收入增长率也呈正向的关系。这些数据表明，董监高薪酬与公司业绩在一定程度上相关，短期激励是必不可少的，足够的短期激励可以在一定程度上保证公司基本的财务绩效。

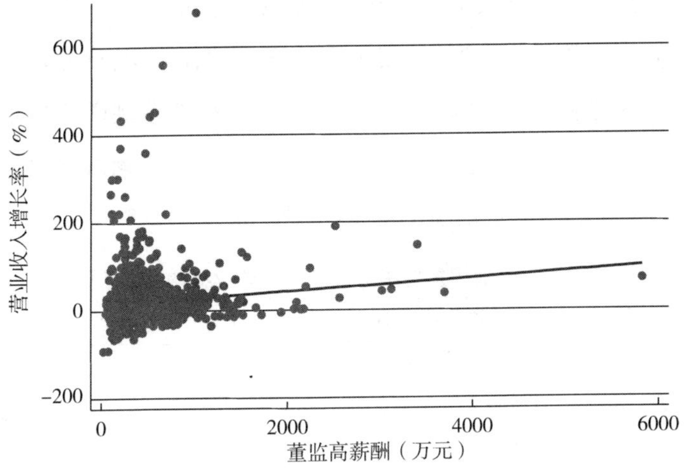

图2.4.5　董监高薪酬与营业收入增长率的散点图

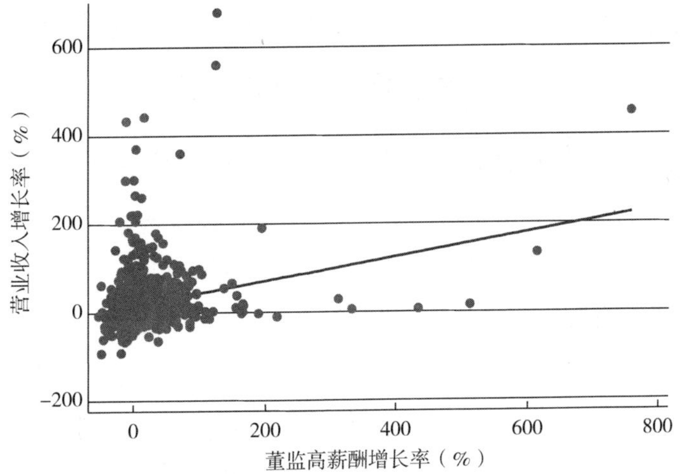

图2.4.6　董监高薪酬增长率与营业收入增长率的散点图

当然，我们发现目前董监高薪酬的增长机制还很不完善。221家公司的业绩下滑，而董监高的薪酬却增加。225家公司业绩上升，而薪酬水平却下降了。这两个群体的样本占总体样本的40%，董监高薪酬的增长与公司业绩增长呈不合理的反向关系。表2.4.1中只有第4种情况和第6种情况反映了恰当的激励机制，当业绩下滑时，薪酬水平也下降，且下降幅度大于业绩下滑幅度；当业绩上升时，薪酬水平也上升，且薪酬上升幅度小于业绩上升幅度。这两种情况的公司数量为380家，仅占全体样本的1/3，说明大多数公司的薪酬激励机制有待完善。第3种和第5种情况则是，虽然薪酬增长和业绩增长呈同向变动趋势，但是相对幅度不太合理，其中226家公司薪酬涨幅大于营业收入涨幅，85家公司的薪酬降幅小于营业收入降幅。

表2.4.1　　中小板、创业板董监高薪酬增长率与业绩增长率的比较

序号	薪酬增长率与业绩增长率的对比	公司数量
1	薪酬增长率≥0，营业收入增长率<0	221
2	薪酬增长率≤0，营业收入增长率>0	225
3	薪酬增长率≤0，营业收入增长率<0，且营业收入增长率<薪酬增长率	85
4	薪酬增长率<0，营业收入增长率<0，且薪酬增长率≤营业收入增长率	81
5	薪酬增长率>0，营业收入增长率>0，且营业收入增长率<薪酬增长率	226
6	薪酬增长率>0，营业收入增长率>0，且薪酬增长率≤营业收入增长率	299

二、股权激励：限制性股票成为普遍选择

薪酬激励乃短期激励手段，股权激励乃长期激励手段。股权激励将激励对象的个人利益与公司利益一致起来，减少目标冲突，有利于公司长远发展。股权激励的对象可以是高管、核心技术人员，也可以是重要岗位的员工。更多的人享有股权激励，公司的发展动力将更强劲。

中国证监会最早于2005年12月发布《上市公司股权激励管理办法（试行）》，于2006年1月1日起开始实行，后于2008年发布有关事项备忘录1号、2号、3号，并于2014年11月，发布《关于受理和评估上市公司股权激励行权融资和限制性股票融资业务试点工作安排的通知》，于2016年8月发布《中小企业板信息披露业务备忘录第4号：股权激励》和《创业板信息披露业务备忘录第8号：股权激励计划》。总体上看，目前关于股权激励的政策文件已经完备。上市公司实施股权激励的外部条件已很成熟，投资者也看好那些实行股权激励的公司，至于是否实施，取决于上市公司的种种现实条件。

我们发现，在1137家上市公司中，只有77家公司的董事、监事或高管均

未持有公司股票，其他1060家公司的董事、监事或高管，要么全部持有公司股权，要么部分持有公司股权，董监高持股公司占样本总数的95%。这77家公司中，67家是中小板公司，10家是创业板公司。这说明股权激励已成为创业板公司的普遍行为，也显示出创业板公司比中小板公司的进步性。

在董监高持股的公司中，董监高持股占公司股本总数比重的最大值为83%，该公司为家族企业，父亲是公司董事长，女儿是副董事长，分别持股36.21%、31.03%，合计持股67.24%，是目前中小板和创业板股权集中度最高的公司。该公司2015年营业收入增长率为–22.46%，利润总额增长率为–3%，资产收益率为4.7%，表明过高的股权集中度与优良的公司业绩并不能直接画上等号。

总体上看，有459家公司董监高持股比例大于30%，其中创业板228家，中小板231家。有161家公司董监高持股比例大于50%，其中创业板80家，中小板81家。这表明，创业板公司的股权集中度高于中小板。从业绩上看，创业板公司营业收入增长率的平均值为32.53%，中小板公司的平均值为13.2%。创业板公司净资产收益率平均值为7%，中小板公司平均值为6%。创业板公司总资产增长率平均值为43.73%，中小板的平均值为27.33%。创业板公司的营利能力和营运能力均优于中小板公司，尤其在2015年全球经济及中国经济发展缓慢的背景下，创业板公司的这些表现可圈可点。

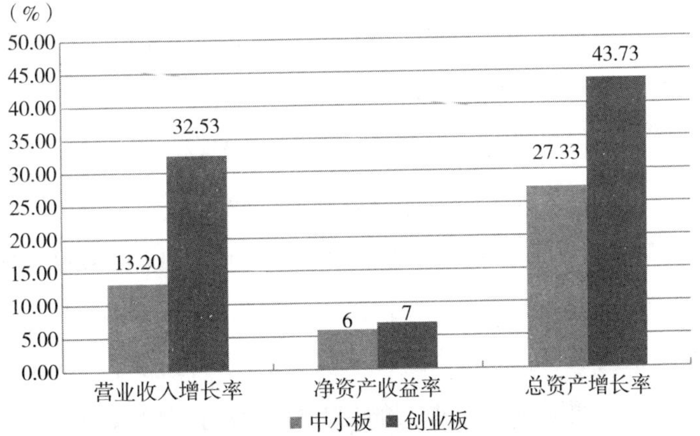

图2.4.7　中小板、创业板公司三个财务指标的平均值

从监事会的角度看，557家公司监事会成员没持有公司股份。在580家监事会成员持股的公司中，持股比例最大值为0.17%。持股公司的营业收入增长率平均值为21.2%，净资产收益率平均值为6.3%，监事会成员未持股公司营业收入增长率平均值为18.93%，净资产收益率平均值为4.9%。这表明，监事会持股也可以在一定程度上提升公司业绩。

纵观过去五年，中小板、创业板上市公司推出股权激励的公司数量不断增加，2011年仅199家，2015年达460家。

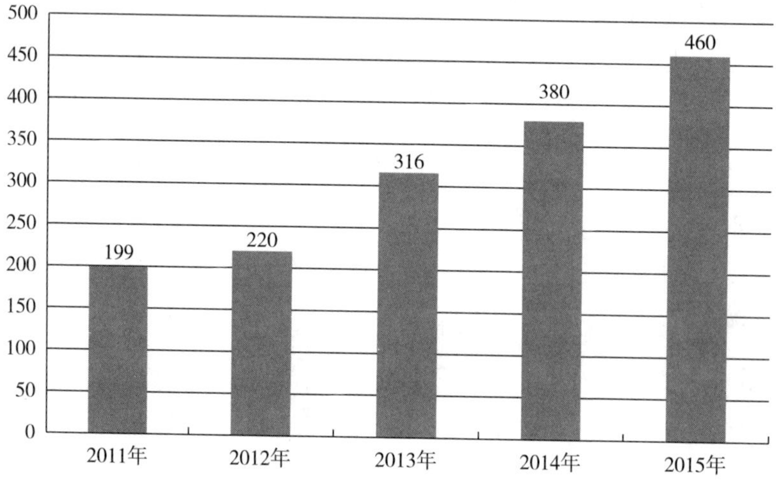

图2.4.8　2011～2015年中小板、创业板实行股权激励的公司数量

2015年，在全部样本公司中，有460家上市公司实施了股权激励，占全体样本的40%，多于上一年度的380家，表明更多公司在这方面强化了激励机制，以应对经济下行风险。这460家公司的治理平均分为61分，677家公司未实行股权激励，公司治理平均分为49分。即使减掉由于实施了股权激励本身而能多得到的5分，实施了股权激励计划的公司还比没有实施股权激励计划的公司，在公司治理评估总分上高出7分。实施股权激励的公司，营业收入增长率的平均值为25.4%，远大于没有实施股权激励的公司（16.48%）。这表明股权激励与公司业绩具有很大的相关性，良好的股权激励有利于提升公司业绩。

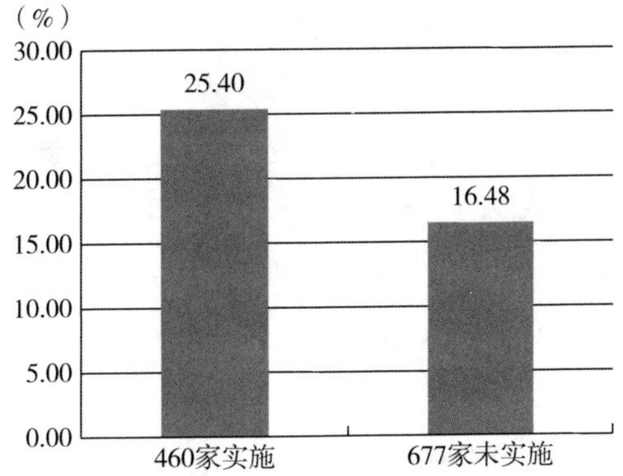

图2.4.9　是否实施股权激励与营业收入增长率

从股权激励的形式上看，近年来A股公司进行了多种尝试，包括股票期权、股份期权、期股奖励、虚拟股票期权、年薪奖励转股权、股票增值权、限制性股票，等等。中小板、创业板公司新推出的股权激励大多为限制性股票。这种激励形式比股票期权有很大优越性。限制性股权只是限制出售的时期，只能定期解锁。这将激励对象与公司绑为一体，如果没有达到目标业绩，股票就被收回，这对激励对象有很大的推动作用。股票期权由于税收政策的原因，激励对象在获得股票时，因为价格低于市场价格，就要按照收益的比例交付一定的税，未来还要承担股票在二级市场价格下跌的风险，虽然政策上允许，但上市公司实践的并不多。

案例　　汇川技术推出三期股权激励计划

2012年11月7日，汇川技术第二届董事会第十二次会议审议通过了首期股权激励计划草案，并于2013年1月31日第一次临时股东大会通过了股权激励计划的草案修正案。2013年1月31日，公司召开第二届董事会第十四次会议，审议通过了首期股权激励议案，同意授予万国军、于渡江、马龙斌等227名激励对象1252万份股票期权。

2015年4月，汇川技术推出第二期股权激励计划的草案，拟向公司中层管理人员以及公司的核心技术（业务）人员（共174人）授予459万股限制性股票，占本计划签署时公司股本总额78250.27万股的0.59%。限制性股票的授予价格为每股20.93元，授予价格依据本计划公告前20个交易日公司股票均价（前20个交易日股票交易总额/前20个交易日股票交易总量）41.86元/股的50%确定。后因公司在实施该计划之前，已每股派息0.5元，故将授予价格下调为20.43元。

2016年10月，公司推出第三期股权激励计划的草案，拟授予的限制性股票数量5682万股，占本计划草案公告时公司股本总额160717.47万股的3.54%，激励对象总人数为652人，包括公司公告时在公司任职的董事、高级管理人员、中层管理人员以及公司的核心技术（业务）人员。限制性股票的授予价格定为9.77元/股。

2016年5月18日，公司进行年度分红，每10股送10股，股价从35元下跌一半。到2016年11月底，股价小幅上升到21元。第二期股权激励计划的持有者也获得了账面营利。

我们认为，限制性股票是一种较好的股权激励形式。在市场总体行情不好的时候，其激励效果可能受到影响。如果公司实际控制人希望这一激励形式起作用，需根据行情进一步推出激励措施，保证激励对象获得真实收益。汇川技术的第三期股权激励计划受到广泛认同，原因正在于此。并且，限制性股票有解锁条件，以第三期为例，条件是2016年、2017年、2018年、2019年净利润增长率分别不低于10%、20%、35%、45%，如果接下来每一年达到标准，所持股份当年可自动解锁1/4，这种激励机制的优点不言而喻。

数据显示，汇川技术2015年总资产增长率为27.3%，营业收入增长率为23.54%，净利润增长率为20.85%，资产收益率为14.86%，净资产收益率为21.02%。总体表明，良好的财务绩效，离不开良好的激励机制作保障。

股权激励与薪酬激励的对比可以反映公司长短期激励力度的差异。良好的激励机制需要长短期激励手段的搭配。数据显示，董监高持股价值与薪酬总额的比例，平均值为830倍，最大值为20262倍，最小值为0，表明大部分公司董监高的股权价值远高于薪酬总额，股权激励的重要性高于薪酬激励。董监高如果希望哪天退出公司，将股份变现即可获得不菲收入，他们已在很大程度上实现了财务自由，努力工作可以获得更多回报，更重要的是，可以实现更高的人生价值和社会价值。

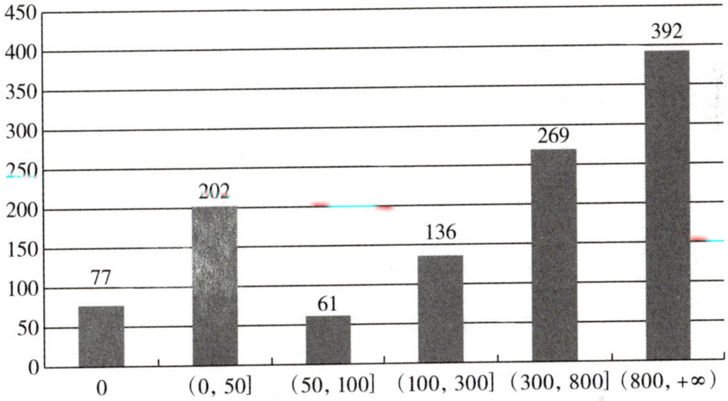

图2.4.10　董监高持股的市场价值与薪酬总额的比值

我们注意到，在1137家上市公司中，有77家公司的董监高没持有公司股票，其营业收入增长率平均值为0.67%，其他1060家公司营业收入增长率的平均值为21.5%。由于业绩增长并不会影响董监高是否持股，所以这里没有反向因果关系，董监高持股是公司业绩的重要影响因素，持股比不持股好。但是，董监高持股太多，一股独大，对公司业绩未必是好事。以前文董监高持股占公司股份比重83%的公司为例，其2015年营业收入增长率为-22.46%，这说明股权集中度是把双刃剑，并非越高越好，也并非对公司各个方面都是利好。

三、核心技术人员持股：激励力度有待加强

中小板、创业板公司高科技企业较集中，核心技术人员在公司中的重要性不言而喻。有些公司的高管本身就是核心技术人员，或者将核心技术人

员提升为高管，这是技术型公司的典型特点。如何加强对核心技术人员的激励，是高科技企业的共同难题，授予股份是一种通行的做法。比如著名的华为公司，很多技术人员持有公司股份。中国大多数高科技公司核心技术人员持股的做法都借鉴了华为公司，中小板、创业板公司亦不例外。

中小板、创业板公司中，核心技术人员持股比例平均值为4%，最大值为71.55%，最小值为0。2015年有490家公司的核心技术人员持有公司股票，远大于上一年度的119家，这表明，更多的上市公司逐渐顺应政策导向，认识到核心技术人员持股的重要性，并逐步进入操作阶段，从核心技术人员的激励入手，强化了激励机制。

这490家公司中，核心技术人员持股比例的最小值为0.06%，持股比例大于6%的公司有252家，大于10%的有157家，大于20%的仅49家。这表明，目前大多数公司核心技术人员仍没持有公司股份，即使持股，数量也较少，技术人员仍未得到足够的重视，技术因素对公司的重要性仍次于资本。

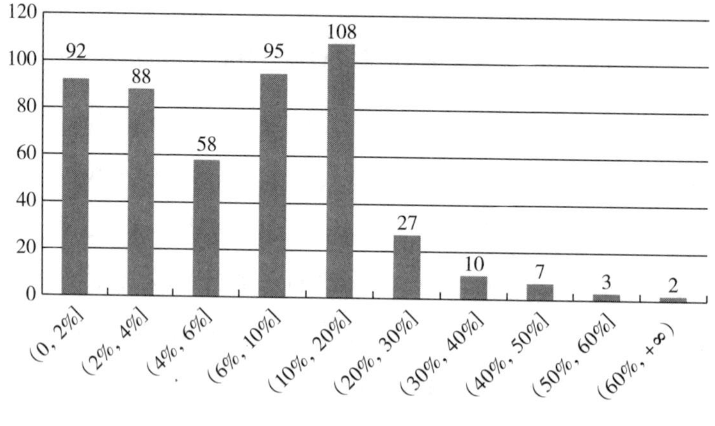

图2.4.11　490家核心技术人员持股公司的持股比例分布

纵向来看，过去五年，中小板、创业板上市公司核心技术人员持股的现象逐渐增加，2011年仅有68家公司有核心技术人员持股，2012年180家公司的核心技术人员持有公司股份，2014年为119家，2015年大幅增加至490家。

数据显示，2015年490家公司核心技术人员持股比例大于0，营业收入增长率的平均值为25.25%。647家公司核心技术人员没有持股，营业收入增长率的平均值为16.18%。这表明，虽然大多数公司核心技术人员未持股，但是持股公司的业绩要明显大于未持股的公司。这对上市公司进一步完善激励机制提供了方向。

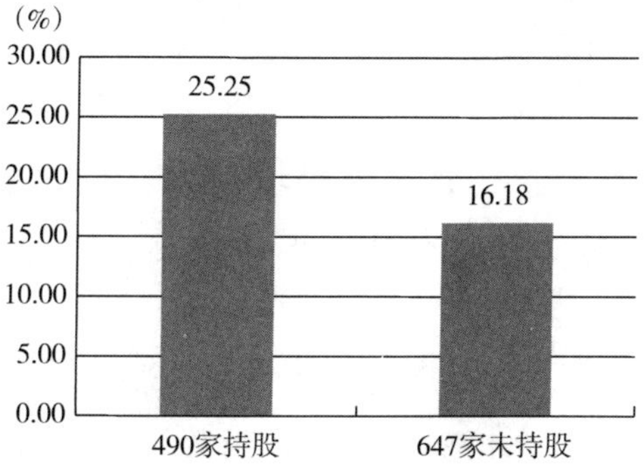

图2.4.12　核心技术人员是否持股与营业收入增长率

案例　长亮科技核心技术人员持股情况

深圳市长亮科技股份有限公司（简称“长亮科技”）成立于2002年，是一家金融软件企业，主要产品是商业银行业务类、管理类和渠道类的软件。截至2015年底，公司在职员工总数为1697人，其中技术人员1539人，销售人员41人，财务人员16人，行政人员101人，可以看出技术人员公司占员工总数的91%，该公司是一家技术密集型企业，技术人员对公司的重要性不言而喻。该公司核心技术（业务）人员的持股比例达71.55%，是目前中小板创业板核心技术人员持股比例最高的公司。截至2015年年底，公司获得中华人民共和国国家知识产权局颁发的软件产品登记证书及产品著作权50多项，技术创新的成绩有目共睹。

公司的一些中高管理者及技术专家，目前仍定期参与研发工作。公司于2014年6月推出第一期股权激励计划，形式是限制性股票，激励对象涉及125人，其中124人为中层管理人员、核心（业务）技术人员，表明股权激励的面很广，且侧重于技术人员。此次限制性股权的授予价格是每股15.59元，到2015年解锁期当日，股价为44元。公司2014年度股利分配方案是每10股派15股并派现金1.5元，2015年年度股利分配方案是，每10股送10股并派现金0.8元，截至2016年11月底，股价为30元。如果激励对象解锁期后一直持有公司股票，目前的账面收益至少翻八倍。该公司在2015年股价最高达451元，之后受沪深市场整体行情的影响，股价震荡下调，如果没有系统性的行情回调，公司激励对象的收益将更加丰厚。

2015年，该公司总资产周转率为56.6%，利润总额增长率为12.88%，资产报酬率为4.3%，净资产报酬率为6.2%，但是净资产报酬率增长率为-32.3%。总体表明，该公司营利能力相对于前一年度有所下降，但总体业绩仍然较好。公司庞大的核心技术人员团队是公司保证核心竞争力的关键所在。

四、员工持股计划：在争议中前行

股权激励主要针对部分中高级管理层，有明确的业绩目标要求。员工持股计划针对所有符合资格的员工，是一种特殊的报酬计划，具有员工激励和改善员工薪酬体制的双重功效。由于不能排除一些核心技术人员通过员工持股计划持有公司股份，一些高管也通过员工持股计划持有公司股份，因此员工持股计划具有较大的覆盖面，与股权激励和核心人员持股激励有一定的重叠性。

员工持股计划的意义是，劳动者与所有者风险共担、利益共享，提高公司对员工的凝聚力和公司自身的市场竞争力。可建立员工参与公司经营决策和享有公司成长的机制，有助于提升公司的生产效率，改善公司治理水平，提高公司的综合实力。长远看，管理层和员工持有本公司股票，能够推动我国资本市场稳定健康的发展。

员工持股计划也是我国国有企业混合所有制改革的一部分。2013年十八届三中全会提出“积极发展混合所有制经济”，2014年《政府工作报告》进一步提出“加快发展混合所有制经济”，2015年国资委印发《国务院国资委2015年度指导监督地方国资工作计划》，专门指导地方国资委研究制订混合所有制企业实施员工持股试点的管理办法，规范开展员工持股试点工作。一些中小板、创业板公司有国资背景，推行员工持股计划乃一石双鸟，既响应了国家政策，也有助于提升员工的工作积极性。

中国证监会于2014年6月发布《关于上市公司实施员工持股计划试点的指导意见》，在上市公司中开展员工持股计划试点。后于2014年11月发布《中小企业板信息披露业务备忘录第7号：员工持股计划》，于2015年9月发布《创业板信息披露业务备忘录第20号：员工持股计划》。由此，中小板和创业板上市公司员工持股计划的可行性大幅提升，于是上市公司推出员工持股计划的数量不断增加。

在2013年以前，中小板、创业板上市公司几乎没有推出员工持股计划，2014年有185家公司实行员工持股计划。2015年中小板、创业板上市公司中有296家公司实行员工持股计划，这296家公司中，171家是中小板公司，125家是创业板公司。上一年度只有185家公司实行员工持股计划，与上一年度相比，员工持股计划的公司数量明显增加了。

从业绩上看，296家公司的营业收入增长率的平均值为23.88%，净资产收益率的平均值为7.2%。另外841家公司没有实行员工持股计划，营业收入增长率平均值为18.75%，净资产收益率的平均值为6.2%。这表明，员工持股计划是公司业绩的重要影响因素。那些实行员工持股计划的公司，业绩增长更快，发展势头更好。当然，一些企业未推出员工持股计划，可能是行业限制或条件不达标，监管部门未来可以进一步适当放宽条件，允许更多企业、更多员工成为员工持股计划的受益人。

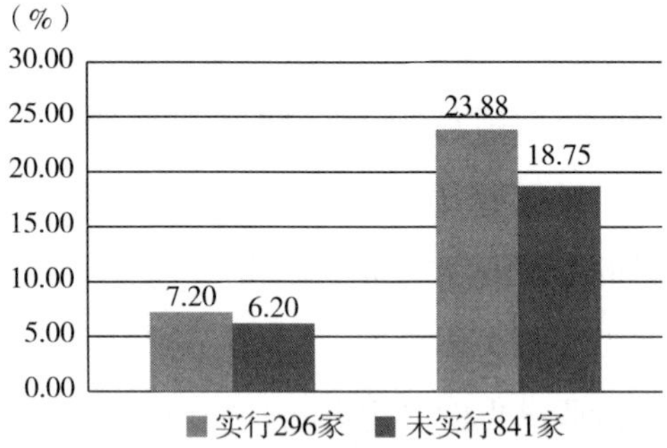

图2.4.13　是否实行员工持股计划与营业收入增长率

我们也注意到，中国沪深股市自2015年以来经历了一轮牛市和熊市的轮换，很多2015年推出员工持股计划的公司，截至2016年11月，员工尚处于套牢状态，这让员工持股计划饱受争议，甚至有种声音，在2015年证券市场整体从牛市走入熊市的背景下，上市公司员工成了接盘侠，接替其他散户，成为公司的最后支持者。我们认为，很多争议是不够客观的，员工持股计划的初衷是好的，国外也有成熟的经验。我们不能因为暂时的亏损而简单指责这一计划。需要深思的是，上市公司如果真是想提高员工的积极性，为何不在市场大幅下滑时，追加员工持股份额，摊薄员工损失，以获得未来收益。我们也发现，有不少公司确实这样做了，在股价下跌的情况下，连续推出员工持股计划，以保障员工利益。

案例　　万达信息的三期员工持股计划

万达信息股份有限公司（简称“万达信息”）于2015年5月4日召开公司2015年第三次临时股东大会，审议通过了公司第一个员工持股计划草案，并委托一个资管基金，通过二级市场购买的方式取得并持有公司股票，该计划上限为10亿元。该基金于2015年6月8日～2015年6月10日陆续通过二级市场交易的方式购买公司股票7277917股，占公司总股本的1.45%，购买均价为137.26元，完成了员工持股计划的购买目标。该计划所购买的股票锁定期为一年。

公司于2015年8月17日召开公司2015年第六次临时股东大会，审议通过第二期员工持股计划的草案。以20000万元规模上限和公司2015年7月30日的收盘价37.78元/股测算，计划购买股票529.38万股，占公司现有股本总额约为0.52%，与第一期员工持股计划合计1.94%，不超过股本10%。之后，因公司筹划重大资产重组，公司股票于2015年9月30日起停牌，直至2015年12月25日复牌，因公司股票停牌以及定期报告、业绩预告敏感期等因素，本期员工持股计划未能在股东大会通过之日起6个月之内完成购买。为维护公司、股东和广大员工的利益，经员工持股计划持有人会议通过，公司终止本次第二期员工持股计划。

公司于2016年2月22日召开公司2016年第二次临时股东大会，审议通过了第三期员工持股计划草案，并委托一个资管基金，在二级市场购买该公司股票。该资管基金于2016年3月4日～2016年3月22日陆续通过二级市场交易的方式购买公司股票，累计买入万达信息股票7721585股，占公司总股本的0.75%，成交均价为人民币24.61元/股，完成第三期员工持股计划的购买规模，该计划所购买的股票锁定期为一年。

万达信息第一期员工持股计划购买均价为137.26元/股，第二期未实施，第三期购买均价为24.61元/股。第一期员工持股计划于2015年6月10日购买完成，次日公司分红派息并送股，公司股价从140元左右下降到69元左右，之后股价震荡下跌，使第一期员工持股计划的持有者出现账面亏损。第三期员工持股计划完成以来，公司股价仍然一路下跌，截至2016年11月底，公司股价大部分时间在买入均价以下。原本计划弥补亏损的员工持股计划，进一步放大了亏损，员工持股计划振奋人心的效果未能如愿。如果到2017年3月23日，该公司股价仍低于24.61元/股，第三期参与该计划的员工也将蒙受账面亏损，那么该公司超半数员工都因为持股计划被套，将成为A股员工最庞大套牢团。

当然，2015年6月以来，整个沪深市场出现系统性股价下跌，从整个市场的背景看，万达信息的这种情形并非公司本身之过。数据显示，万达信息2015年总资产增长率为35.94%，营业收入增长率为21.11%，利润总额增长率为22.42%，净利润增长率为15.29%，净资产收益率为12.54%。在国民经济整体处于下降周期的背景下，该公司能取得如此业绩，实属不易，连续推出三期员工持股计划，表现了股东和高管团队建设长远激励机制的决心，展现了股东和高管对公司未来的信心，也为其他公司提供了有益借鉴。

五、小结：激励形式多样，激励效果各异

2015年上市公司运营面临的外部压力比较大，一方面中国经济结构调整进入深水期，不少行业的发展面临瓶颈，另一方面沪深资本市场经历了一次过山车行情，有些上市公司的业绩受到明显影响，有些上市公司正经历资本的深冬，还有些上市公司迎难而上，主动改革，从激励机制入手，为下一轮发展积蓄力量。

良好的激励机制需覆盖公司全员上下，对于关键部门或重要员工，需给予重点激励，因此需要不同的激励形式。除薪酬激励外，近年来股权激励和员工持股计划成为热点。纵观2015年中小板、创业板上市公司的激励机制，呈现以下四个特点。

第一，薪酬激励的力度存在较大差别。样本公司董监高薪酬总额几乎均匀地分布在100万元到1000万元之间，薪酬的差异一方面与公司规模有关，另一方面与公司的业绩有关。另有个别公司董监高薪酬总额在100万元以下或1000万元以上，显示出明显的差异，这种差异主要存在于中小板公司中，而创业板公司董监高薪酬比较接近和集中，过高或过低薪酬的现象较少。

第二，股权激励成大多数公司的标配。95%的中小板创业板公司的董事、监事或高管持有公司股票，从一般意义上说，持股就是一种激励，表明大多数公司均构建了最低的股权激励机制。当然，严格的股权激励带有一定

的优惠性，即激励对象能以较低价格获得公司股票，未来出售时获得收益，有460家公司在2015年实施了这种股权激励，多于上一年度的380家，表明在经济下行周期中，该群体上市公司强化了激励机制，为未来发展积蓄力量。

第三，股权激励的效果受市场行情影响较大。限制性股票的买入价通常是市场价格的一半，其激励效果较好。员工持股计划的股票大多来自二级市场，按市场价格买入，在下跌行情中起不到激励效果，激励对象易被套牢。在市场行情短期内无法扭转的情况下，公司需推出进一步的员工持股计划，弥补之前被激励者的账面亏损。

第四，核心技术员工的激励力度有待加强。中小板、创业板公司大多是高技术企业，核心技术员工对公司的发展至关重要，激励这些员工也非常必要。之前由于政策没有落地，股权激励和员工持股计划很难执行，自2014年以来，监管部门为这两项激励手段扫清了障碍，一些上市公司已行动起来，专门向核心技术人员推出激励措施。但是仍有一少部分公司没有行动起来，需引起重视。那些对核心技术人员进行激励的公司，也取得了优良业绩，值得其他公司借鉴。

第五，激励机制与公司业绩的匹配情况不佳。数据显示，2/3的样本公司出现了董监高薪酬增长与业绩增长的不匹配现象，要么业绩下滑薪酬增加，要么业绩上升薪酬下降，要么业绩与薪酬的变化幅度不相称，表明董监高的薪酬增长机制还很不完善。股权激励方面，40%的公司董监高持股比例大于30%，14%的公司董监高持股比例大于50%，表明股权集中度偏好是该群体公司的重要现象，过高的股权集中度可以保证决策效率，但并不意味着公司业绩长期向好，该群体上市公司需谨慎设计股权结构，保证权利的平衡。

表2.4.2　　　　“激励机制”评价得分100强

排序	股票代码	公司简称	得分	排序	股票代码	公司简称	得分
1	2236	大华股份	25	3	2572	索菲亚	25
2	2310	东方园林	25	4	2609	捷顺科技	25

续表

排序	股票代码	公司简称	得分	排序	股票代码	公司简称	得分
5	300009	安科生物	25	37	300213	佳讯飞鸿	23
6	300104	乐视网	25	38	300306	远方光电	23
7	300178	腾邦国际	25	39	300317	珈伟股份	23
8	300208	恒顺众昇	25	40	2170	芭田股份	22
9	300232	洲明科技	25	41	2385	大北农	22
10	300269	联建光电	25	42	2410	广联达	22
11	300274	阳光电源	25	43	2450	康得新	22
12	300286	安科瑞	25	44	300142	沃森生物	22
13	300324	旋极信息	25	45	300179	四方达	22
14	2312	三泰控股	24	46	2042	华孚色纺	21
15	2421	达实智能	24	47	2131	利欧股份	21
16	2528	英飞拓	24	48	2194	武汉凡谷	21
17	300002	神州泰岳	24	49	2241	歌尔股份	21
18	300017	网宿科技	24	50	2261	拓维信息	21
19	300036	超图软件	24	51	2308	威创股份	21
20	300038	梅泰诺	24	52	2311	海大集团	21
21	300054	鼎龙股份	24	53	2327	富安娜	21
22	300098	高新兴	24	54	2496	辉丰股份	21
23	300121	阳谷华泰	24	55	2527	新时达	21
24	300131	英唐智控	24	56	2573	清新环境	21
25	300133	华策影视	24	57	2583	海能达	21
26	300170	汉得信息	24	58	2588	史丹利	21
27	300197	铁汉生态	24	59	300094	国联水产	21
28	300241	瑞丰光电	24	60	300097	智云股份	21
29	300284	苏交科	24	61	300119	瑞普生物	21
30	300285	国瓷材料	24	62	300145	中金环境	21
31	300356	光一科技	24	63	300188	美亚柏科	21
32	2054	德美化工	23	64	300244	迪安诊断	21
33	2215	诺普信	23	65	300255	常山药业	21
34	2250	联化科技	23	66	300296	利亚德	21
35	2389	南洋科技	23	67	2076	雪莱特	20
36	300177	中海达	23	68	2089	新海宜	20

续表

排序	股票代码	公司简称	得分	排序	股票代码	公司简称	得分
69	2117	东港股份	20	85	2599	盛通股份	20
70	2137	麦达数字	20	86	2611	东方精工	20
71	2196	方正电机	20	87	2650	加加食品	20
72	2197	证通电子	20	88	2668	奥马电器	20
73	2225	濮耐股份	20	89	2681	奋达科技	20
74	2277	友阿股份	20	90	2707	众信旅游	20
75	2324	普利特	20	91	2709	天赐材料	20
76	2326	永太科技	20	92	2717	岭南园林	20
77	2364	中恒电气	20	93	300005	探路者	20
78	2415	海康威视	20	94	300014	亿纬锂能	20
79	2456	欧菲光	20	95	300015	爱尔眼科	20
80	2458	益生股份	20	96	300059	东方财富	20
81	2460	赣锋锂业	20	97	300062	中能电气	20
82	2516	旷达科技	20	98	300071	华谊嘉信	20
83	2560	通达股份	20	99	300085	银之杰	20
84	2591	恒大高新	20	100	300095	华伍股份	20

第三部分

中国上市公司治理专题研究

《G20/OECD公司治理原则》（2015）修订内容及其影响

鲁　桐

20世纪90年代从英美两国发端的公司治理运动，在各国针对本国实际情况开展的改革实践中，以及国际组织的积极推动下，取得了巨大进展。经济发展的实践表明，公司治理是建立资本市场信心和企业诚信的重要手段。在当前国际经济动荡不安的时期，健全公司治理对于公司长期资本投资以支持其可持续发展显得尤为重要。面对当前全球经济的脆弱性，各国的宏观政策协调和经济结构调整已提上日程，G20会议把促进投资作为减少各国经济增长放缓的重要手段。为了促进投资，就必须改善各国的投资环境，发展健康稳定的资本市场，保护投资者利益。有鉴于此，作为G20会议的一个重要环节，20国集团和经济合作与发展组织于2015年9月5日联合正式发布《G20/OECD公司治理原则》（2015年修订版）[①]。它对于各国重建市场信心，健全金融市场的功能性，乃至于促进各国经济增长具有重要的意义。

最新发布的《G20/OECD公司治理原则》是在经过将近两年对原有《OECD公司治理原则》（2004年）进行系统修订的基础上完成的成果。为了使《原则》成为更有效的指导性工具，OECD成员国理事会认为应根据不断

原文载《国际经济评论》，2016年第6期。

① G20/OECD Principles of Corporate Governance http://www.oecd.org/daf/ca/principles-corporate-governance.htm.

变化的环境和条件，及时修订原则内容，以便满足新的需求。早在2002年，OECD部长级理事会就对《原则》进行第一次修订，并于2004年正式出版了修订后的《OECD公司治理原则》。2004年修订版的最大变化是突出强调了“确保有效公司治理框架的基础”的重要性。经过10年的经济发展变化，特别是2008年以来的国际金融危机给各国经济带来了较大的冲击，同时也暴露出公司治理的若干重大缺陷，如薪酬管理、风险管理、董事会不健全以及股东权利不落实等问题，为了吸取金融危机的经验教训，进一步夯实公司治理基础，经合组织理事会于2013年底授权公司治理委员会主持，并邀请20国集团成员国代表和OECD组织成员国一道参与对《OECD公司治理原则》的第二次修订。OECD公司治理委员会同时通过组织会议，公开信息渠道等多种形式征求国际组织、行业协会、工会、投资者联盟、中介机构、私人企业、学者等对《原则》修订的意见和建议。因此，2013~2015年的《原则》修订是在广泛征求各国、各方意见的结果。

一、《G20/OECD公司治理原则》修订背景

2015版《原则》修订是在一系列经济条件发生变化的情况下进行的。

首先，2008年以来爆发的全球金融危机给投资者的信心造成了巨大的伤害。一系列的研究表明，金融危机中暴露的公司治理四个主要缺陷，即内部控制和风险管理失效、薪酬管理扭曲、董事会责任和运作不足以及股东参与公司治理的被动性等都需要采取有效政策措施进行弥补。2008年金融危机的爆发显示出现有的公司治理体系在建立制衡机制的手段和方法上仍显不足，不能够适应新经济条件下的发展需要。

其次，公司所有权结构上的变化也是考虑如何加强股东责任和权利的一个重要因素。

OECD最近的调查显示[①]，在过去的10年间，OECD成员国所有权结构集中

① OECD（2014）：Corporate Governance Factbook. http://www.oecd.org/daf/ca/CorporateGovernanceFactbook.pdf.

的趋势有所加强，成员国集中股权结构占资本市场市值的比例从19%提高到24%。在法国，最大股东直接控制全部上市公司的46%的资本以及52%的投票权，36%的上市公司使用双重投票权作为加强控制的工具。19%的公司通过使用金字塔股权结构，加强大股东对公司的控制。加拿大多伦多证券交易所最大的300家上市公司中，大约25%的公司拥有控股股东。韩国资本市场52%的市值控制在大股东手中，38个家族企业集团控制着1364家企业，其中有213家在韩国股票市场上市。控股股东的存在给公司治理效率带来两方面的影响，一方面控股股东有利于对公司的控制和监督，降低股东与管理层之间的纵向代理成本，但同时大股东也有可能利用其控制地位，侵占中小股东利益，增加大小股东之间的横向代理成本。如何在公司治理的制度安排上既能发挥控股股东的积极性和创造力，又能有效地降低大股东控制权私人收益，是各国完善公司治理要解决的问题之一。

所有权结构另一个值得关注的动向是机构投资者持股比例的上升及其投资战略和交易手段的变化。近十年来，机构投资者无论是种类还是所掌握的资产规模都得到了长足地发展。机构投资者大致分为三类：传统的机构投资者包括养老基金、投资基金（共同基金）和保险基金；第二类机构投资者包括对冲基金、私募股权基金、主权财富基金（SWFs）、交易所交易基金（ETFs）；第三类包括各种资产管理基金、封闭型投资基金等。根据OECD的统计，截至2011年，各类机构投资者的资产规模达到84.8万亿美元[①]。其中，38%（约32万亿美元）为持有上市公司股权。养老基金、投资基金和保险基金在三类机构投资者中的持有资产的比重最大。过去的10年中，增长速度最快的是交易所交易基金（ETFs），其交易规模增长了17倍。机构投资者在OECD成员国经济中的地位略有不同，在荷兰、瑞士、丹麦和英国，机构投资者管理的资产是其各自GDP的两倍以上，而一些东欧国家的机构投资者发展的规模不大。机构投资者作为股东持有大量上市公司股权，其行为和在公司

① Serdar Çelik and Mats Isaksson（2013）：Institutional Investors as Owners：Who are they and what do they do?www.oecd.org/daf/corporateaffairs/wp.

治理中的作用受到国际组织和资本市场监管者的关注。机构投资者作为“受托人”能否像积极股东那样行使所有权，对内部人控制形成有效制衡，对公司的经营状况给予足够的关注，这是当下公司治理面临的一个挑战。

第三，证券交易所公司化加剧了其监管角色与商业角色之间的利益冲突，给各国政府的监管规则提出了新课题。过去10年间，资本市场全球化加剧了传统交易所之间的竞争，证券交易所出现了兼并与合并浪潮，原有17家证券交易所已合并成四大交易所集团，交易量占全球资本市场总交易量的65%。证券交易所的治理结构由会员制向股份公司制转变，证券交易所公司化浪潮给全球证券市场带来了新的活力，极大地加强了交易所间的竞争，许多证券交易所自身成为上市公司。交易所公司化带来的问题是，它加剧了不同角色之间的利益冲突，以营利为目标的交易所能否较好地处理利益冲突，以较高标准履行自律监管职能和维护公众利益，是各国政府市场监管部门面临的新问题。

二、《G20/OECD公司治理原则》修订过程

受OECD部长级会议的委托，OECD公司治理委员会在马策罗·柏安琪（Marcello Bianchi）的领导下，从2013年10月开始着手进行对《原则》的重新审议工作，20国集团成员国和OECD成员国以同等的权利参与对《原则》的修订。中国作为20国集团成员也派代表参与了原则的修订工作。从审议和修订的程序看，大致经过三个阶段：第一阶段（2013年10月～2014年9月）主要是数据调查和专题研究，为《原则》修订提供基础性支持。为了对近年来外部经济环境对公司治理提出的政策性挑战和实践问题进行专项研究，OECD公司治理委员会先后发表了6份综合性研究报告，涉及“从金融危机看公司治理应吸取的教训”（2010）、“公司治理与价值创造和经济增长”（2012）、“机构投资者作为股东的作用（2013）”、“公司治理的监管和执行”（2013）、“公司治理与风险管理”（2014）、“成员国公司治理基本数据调查”（2014）；第二阶段（2014年10月～2015年1月）由经合组织公司治

理委员会秘书处起草并完成《原则》修订稿，同时通过多渠道征求对修订稿的意见；第三阶段（2015年2～9月）20国集团先后在2015年2月和4月召开的G20财长和行长会议上对《原则》修订稿进行讨论和征求修改意见。最终，于2015年9月4～5日在土耳其安卡拉召开的G20财长和行长会议上由20国集团和OECD共同签署并正式发布。

三、《G20/OECD公司治理原则》修订内容

新版《原则》由六章原则建议以及原则建议注释两大部分组成。《原则》（2015）保留了前两版中一贯倡导的建立有效公司治理框架的理念和内容，在总结吸取2008年以来全球金融危机教训的基础上，增添了不少新内容，使《原则》经过新一轮的修改得到有效的补充和完善。在原则的前言部分，明确提出制定《原则》的目标旨在帮助各国政府评估和提升本国公司治理的法律、制度和监管框架，它有助于提高经济效率，促进经济可持续增长和金融市场的稳定性。在《原则》（2015）的基础上，各国政府或非政府机构和私营企业有责任定期评估自身的公司治理框架的质量，并提出结合本国经济、法律和文化特点的治理系统。新版原则还特别指出，所提出的公司治理原则建议主要适用于大型上市公司，对于小型的非上市公司仅具有一定的参考价值，无须照搬。

新版《原则》仍然保留了原有六章的格局，但内容和强调的侧重点有了一些变化。在形式方面，将原来的"原则"和"原则注释"两大部分合并为一个整体，有助于读者加深对原则内容的认识和理解。

第一章，"确保有效公司治理框架的基础"。

"公司治理框架应当促进公平透明的市场和资源有效配置，并与法律规则一致，支持有效的监管和执行"[①]。建立有效公司治理框架基础是《OECD公司治理原则》2004年第一次修订内容的最大亮点，并放在公司治理六大原

① G20/OECD Principles of Corporate Governance http://www.oecd.org/daf/ca/principles-corporate-governance.htm，p13.

则之首。2015年《原则》进一步强调了不同的公司治理监管部门政策的质量和连贯性，以及监管的执行力。新补充的内容包括：①公司治理框架建立在法律法规及其有效监督和实施的基础上。鉴于公司“自我监管”和“自愿标准”应该成为有效治理框架的组成部分，原则建议在实施公司治理监管政策时需引入软法因素，给企业更多的自由选择空间。“服从或解释”方法已成为许多国家监管实践的一种普遍做法。当商业环境和商业实践发生变化时，应使公司治理框架及时调整以适应新变化。②公司治理框架应有利于促进企业的经营效率，从这个意义上看，政策制定者有责任制定足够灵活的框架，推动公司有效地调动资源并创造价值。上市公司从规模、发展阶段、产业和技术等方面都存在很大差异，监管框架应考虑到这些差异，避免过度监管，以维护透明而有效的市场为目标。③监管机构应加强政策实施力度，提高对违规者施加有效惩罚的能力。④证券市场监管应支持公司治理的有效性。虽然证券交易所在功能和结构等方面已发生了变化，但交易所在确保公司治理有效性的基础性功能方面不仅没有变化，还应得到进一步加强。⑤跨境监管合作已成为提高公司治理有效监管的必要手段。

第二章，“股东权利、平等对待股东和关键所有权功能”。

“公司治理框架应该保护和促进股东权利的行使，平等对待所有股东，包括小股东和外国股东，当他们的权利受到侵害时，都应该有机会受到补偿。”为了吸取2008年金融危机的教训，《原则》支持股东提高对公司董事提名和董事高管薪酬的话语权。公司应该为股东有效参与公司关键决策创造便利条件。股东不仅能够对董事选举、高管薪酬公开发表意见，还应在股东大会上得到批准。越来越多的国家要求，对现有的薪酬方案的任何实质性改变都须被股东批准。公司有责任向股东解释清楚高管的激励方案是如何与公司经营业绩挂钩的。

考虑到一些高科技公司对治理结构的特殊需求，如通过设计二元股权结构，使不同类别的股东享受不同的所有权和投票权，以实现创始股东对公司的绝对控制。《原则》认为，公司应披露所有不同类别股权结构及其享有权利的信息，同一类别的股东应享受同等的权利。不同类别股东权利的任何改变都应该得到股东大会的批准。

在提高股东参与治理的便利性方面，《原则》建议推广代理投票。公司治理的制度安排应确保代理人按照委托人的指令投票，并披露有关无指令代理人的投票信息。在发达国家实践中，金融如银行和证券经纪商作为托管人为客户的受托人持有证券，近年来，OECD成员国的趋势是取消那些自动让托管机构投股东票的规定。一些国家要求托管机构向股东提供其投票权使用中决策的信息。《原则》要求，托管人投票应在股份受托人同意的情况下进行。

扩大股东对关联交易的话语权和批准权也是《原则》修改内容中加强股东权利的一个重要看点。关联交易中的利益冲突问题受到各方的广泛关注。《原则》明确，“关联交易应由股东大会批准，防止利益冲突，保护公司和股东的利益。”公司的关联人有两类：一类是指对公司具有控制权和重大影响的股东，另一类是董事、监事和高管人员。公司与这两类人的转移资源活动由于后者的特殊地位难免会发生滥用权力损害公司利益的情形。对关联交易可在事前采取预防措施、事后建立救济措施等多种渠道。如实行累计投票权制度、股东表决权派出制度，以防止因资本多数决的滥用而导致不公平关联交易的产生。相应的事后救济措施包括请求法院否决股东大会、董事会决议效力制度、股东代表诉讼制度等，在程序和实体方面使受到侵害者获得司法保护。总之，为了防止利益冲突，规范关联交易的原则：一是尽量避免不必要的关联交易，应对关联交易活动警觉，给予特别关注，禁止内部人交易和滥用权力的自我交易；二是股东大会和董事会表决程序的合法性；三是要保证交易价格的公允性和信息披露的透明性，履行信息披露义务。由于内部人交易必然导致资本市场操纵，因而被各国证券交易规则和法律所禁止。

第三章，“机构投资者、证券交易所和其他中介机构在公司治理中的作用”，是《原则》2015修订版的新增一章。

《原则》明确提出：“公司治理框架应通过价值链提供有效的激励，并使证券市场在促进良好的公司治理中发挥功能。”

如今，股东的投资链与过去相比已发生了巨大变化，以养老金、共同基金、保险公司、投资公司、私募基金等为代表的机构投资者持有股份已成为一种普遍现象，因此，公司治理体系应适应这一变化以提高治理效率。机构投资者和基金管理者作为代理人应履行他们的受托责任，充分发挥所投资公司的所有权职能，对公司的重大决策行使投票权。《原则》认为，作为最佳实践的做法，机构投资者应当披露与其投资有关的全部公司治理及投票政策，包括使用投票权的程序。当机构投资者行使股东权利时，应根据充分的信息，而不应草率行事。

机构投资者的监督和能力在很大程度上影响公司治理整个体系，除了积极参与股东大会投票以外，《原则》提倡机构投资者与所投资的公司建立持续的对话机制，及时掌握公司的发展动态，包括公司运营的市场环境、竞争战略、技术创新等。为了提高机构投资者的政策执行力度，投入更多的人力和资源是必要的。在机构投资者参与公司治理的实践中，有些国家的监管政策已做了具体的规定，例如，对机构投资者干预公司战略的条件、方式、评估战略的有效性的方法等。公布机构的实际投票记录是公司治理的良好实践，有利于公众的监督。在发达国家，由金融机构和证券经纪商作为托管人替受托人持有证券并进行代理投票已成为一种普遍做法，为了防止滥用权力的发生，OECD成员国普遍认为，应该按照股份受益人同意的方式进行受托人投票。

消除跨国投票障碍也是《原则》修订的一个方面。随着资本市场的国际化进程的加快，越来越多的公司在不同国家证交所发行股票，股票存托在证券中介机构的账户中，这种跨国界的链条对外国投资者行使投票权和与公司进行沟通提出了新的挑战。为了推动外国投资者参与公司治理，各国法律和监管框架应积极推行使用现代技术手段，并在股东大会程序方面提供必要的便利，降低行使投票权的成本。

内部人交易和滥用权力的自我交易行为必然导致资本市场操纵，《原则》重申要求采取一切措施禁止内部人对权力的滥用，在执行过程中实行严刑峻法。一些综合性金融集团，当其分子机构行使所有权时，有可能因存在商业关系而产生实质性利益冲突，《原则》规定，应及时披露那些可能影响其所有者权利的利益冲突。为了避免可能的市场操纵，对投资者和其他机构之间的股东合作协议也应做必要的披露。

《G20/OECD公司治理原则》（2015）对于交易所在促进公司治理中的功能和作用做了新的阐述。证券交易所一方面为投资者和上市公司搭建了降低融资成本的平台，另一方面也提供了一种信誉机制，为买卖双方提供了一个重复博弈的场所。交易所作为证券市场的组织者和一线监管者，对于提高上市公司信息披露的质量起着不可或缺的作用。《原则》要求交易所确保有效的、公平价格的形成机制，并建立畅通的信息传播渠道以确保投资者能平等、及时和低成本地获取有关信息。

第四章，“利益相关者在公司治理中的作用”。

公司竞争力的形成和最终成功是众多不同资源提供者联合贡献的结果,包括投资者、员工、债权人和供应商。培育利益相关者之间创造财富的合作是符合公司长期利益的。《原则》鼓励公司的利益相关方与公司进行积极的合作和沟通。在相互彼此认可的基础上，应尊重经法律和共同协议而确立的利益相关者的权利。利益相关者有权定期及时地获得公司相关信息。《原则》强调，当利益相关者权利受到侵害时，应能够获得有效补偿。

《原则》提倡开发员工参与公司治理的机制。员工参与公司治理的程度取决于国家的法律和实践，并因公司不同而有所差异。员工参与机制包括：员工代表列席董事会、在治理程序的一些重要决策中征求和考虑员工的意见等。公司治理实践中，许多国家通过制定业绩提升机制、员工持股计划或其他利润共享机制等，积极促进利益相关者参与公司治理的过程并分享公司的经营成果。

债权人是公司的关键利益相关者。有效的破产制度框架和有效的债权人权利执行机制是公司治理框架的重要组成部分。各国的公司破产框架存在较大的差异，有的国家鼓励债务人及时披露公司困难信息，以有利于债务人和债权人之间达成解决方案。在某些国家，当公司快要破产时，法律规定董事有责任为债权人利益行动。破产程序通常要求建立处理不同类别债权人利益的有效机制。

第五章，“信息披露与透明度”，《原则》新增加的内容主要有三点。

一是在应披露的实质性信息方面，除了对公司财务和经营成果的内容以外，增加了对非财务信息的披露要求。特别强调公司需要披露主要股份的所有权和投票权，包括主要股东和其他通过特别投票权、股东协议、控制性所有权或大量交叉持股关系和交叉担保关系，使所有者能够获得企业所有权结构和所有者权利的充分信息。《原则》鼓励公司披露有关商业伦理、环境保护、可持续发展、人权和其他公共政策的承诺。特别是对那些有举足轻重影响的大公司，其披露的信息有利于投资者更好地评估公司的价值。

二是关联交易的信息披露方面，关联交易披露规则的核心是界定关联交易和关联人的范围。将可能利用关联关系间接实现的交易活动都包括在内，以维护公平交易秩序。关联团体包括控制性公司、被公司正常控制的实体和公司的重要股东（包括其家庭成员和主要管理人员）。根据实质重于形式的原则，可以认定其他与上市公司有特殊关系，可能造成上市公司对其利益倾斜的自然人和法人为关联人，从而应履行相应的关联交易决策和披露程序。

三是报告治理结构及其政策方面，《原则》要求上市公司以“遵守否则解释”为基础在定期报告中披露公司治理相关的信息。特别是披露股东、董事会和管理层之间的权力划分，公司应清晰地描述董事长与CEO的作用和职责，当董事长与CEO合二为一时，应解释其合理性。此外，利用公司网站等渠道向社会公布《公司章程》、《董事会运作规则》等公司治理信息也被认为是良好公司治理实践做法。

第六章，“董事会责任”。

《原则》不仅强调了董事会在制定公司战略、选拔和监控高管人员绩效并决定其薪酬水平、确保财务信息的真实可靠等职责，新增的内容包括董事会在风险管理、税收计划和内部审计的职责。薪酬管理引入薪酬追回政策（claw-back policy）被认为是好的治理做法。在全球金融危机背景下，高管薪酬问题备受关注。一些国家针对参与政府救援计划的金融机构公布了一系列限薪措施，同时还规定董事会应收回基于出现严重错误而赋予高管的奖金红利和激励性报酬，即要求这些公司披露相应的追回条款，这一做法在《原则》中得到认可。

在董事提名和选举方面，《原则》要求董事会采取措施确保股东在提名董事中发挥作用。董事会应有专门委员会负责识别潜在的董事会成员是否具备专门的技术、知识和经验以增加公司的价值。

内部控制和风险管理是金融危机中暴露的公司治理的薄弱环节。风险管理失效给公司和社会造成的巨大损失，这一严重后果仍需得到强调。2008年金融危机以后，不少国家和企业开始重视风险管理的问题，但多数情况下，许多风险管理仍停留在企业内部控制和审计的层面，缺乏公司全方位上下一贯的体系和方法，全面的风险管理框架仍需健全。修订后的《原则》在内部控制和风险管理方面确定了更高的标准。要求董事会加强其内部控制和审计功能，董事会在确保公司财务报告的真实性方面负有最终责任。某些国家制定了为董事会主席提供的内部控制程序的报告。公司应制定明确的计划和程序以确保经营管理合法合规、资产安全和财务报告的真实可靠。确保适当的控制体系到位，特别是风险管理体系、财务和运营控制体系以及法律和有关标准要求的遵守体系。董事会应定期审查企业内部控制体系，包括财务报告、公司资产使用、防止滥用关联方交易等。为了改善董事会实践及其考察董事的绩效和能力，《原则》要求公司定期对董事会进行评价和举办董事培训。

四、《G20/OECD公司治理原则》（2015）的影响

这次《G20/OECD公司治理原则》修订是在充分吸收近年来公司治理领域最新研究成果和广泛采纳各国实践经验的基础上形成的，因而为各国下一步

完善公司治理政策框架具有良好的参考价值。

首先，《原则》已经成为国际组织和各国政府推动公司治理改革进程的重要参考。自1999年经济合作与发展组织（OECD）部长级会议第一次批准《OECD公司治理原则》以来，它已经成为OECD国家和非OECD国家改善公司治理的共同标准，也是“金融稳定论坛”（FSF）认定的“健全金融系统的十二个基本标准”之一。并为世界银行、国际货币基金组织的公司治理相关政策和规则制定奠定了基础。目前，世界具有较大影响力的国际组织——20国集团和经济合作与发展组织联合推出《G20/OECD公司治理原则》（2015），对于今后世界主要发达和发展中国家开展公司治理改革，制定新的立法和监管规则，建立公司治理规范都产生重要影响。

其次，2015年《原则》修订再次体现了其坚持灵活性和与时俱进相结合的特色，使《原则》具有独特的吸引力。实践证明，良好的公司治理具有一些共同要素，《原则》正是建立在这些共同要素之上，并力图包容现有不同的治理模式。《原则》是非约束性的，其目标是为各国政策制定者和市场参与者提供一个参照体系，因此更容易被各国政策制定者和实践者所接受。

在《原则》的直接影响下，维护公司治理监管政策的灵活性和平衡性已经成为下一步各国公司治理政策发展的新方向。一方面，各国积极推出公司治理的“最佳实践”规则，这些规则并不具备法律或法规效力，属于自愿性规范和参考性标准。另一方面，越来越多的国家在给予公司充分的治理选择权的情况下，通过提高信息披露和透明度，加强公司的市场约束和问责性。实践证明，逐字逐句地遵守规范条文不会带来“良好”的治理，而对实质原则的遵循才更重要。

在我国，经过二十多年的努力，自上而下地推进公司治理改革取得了初步成效。虽然多数企业已经建立了公司治理基本框架，但公司治理的运作效率并不理想，重形式轻实质的状况没有得到根本改善。如何发挥市场约束机制的作用，推动企业公司治理的自我规范、自我约束，形成良好的治理文化，是下一步中国改善公司治理面临的挑战。

供给侧改革拷问公司治理

党　印

2015年11月以来，供给侧改革成为经济改革的热点，频现于国务院和地方政府的文件中，学界和业界亦深入研究，广泛讨论，得出了诸多共识。供给侧改革的近期任务是去产能、去库存、去杠杆、降成本、补短板，主要目标是实现产业升级和经济转型，提供优质的创新型的产品和服务，满足不断增加的社会需求。这一方面需要政府出台引导性政策，另一方面需要广大企业调整运营思路，更新商业模式，适应不断变化的外部环境。

一、公司治理与供给侧改革息息相关

企业是技术创新的主体，是建设创新型国家的主力军。企业运行实质上是制定并执行一系列决策，决策乃基于各种内部治理机制和外部治理环境，而这两者被统称为公司治理。因此在一定意义上，公司治理是企业发展的制度性决定因素，良好的公司治理是企业规范发展的保障。已有研究表明，外部治理环境的差异可以解释不同国家或不同地区企业群体的差异，在同样的外部环境下，内部治理机制的差异可以解释不同企业的绩效差异。也就是说，为促进企业发展，既需要政府优化政策，为企业提供优良的运行环境，

原文载《董事会》，2016年第6期。

也需要企业层面理顺治理结构，完善治理机制，使人尽其才，物尽其用，创造更大的价值。

目前各界对公司治理的认识普遍停留在企业层面，认为公司治理无非是股东、董事会、经理层和员工那些事儿，没有认识到法治环境、政府行政效率和监管严厉程度等也属于公司治理范畴，而且这些外部因素关乎企业群体的发展，对企业的影响更大。从公司治理的角度看，这些因素不再是各自独立的，而是相互联系的，法治环境决定企业行为的受保护范围，行政效率决定企业重大项目的最快前进步伐，监管严厉程度决定企业行为的边界。供给侧改革就是要打破政府部门的条条块块，形成一股合力，共同为企业提供优良的外部治理环境，服务各市场主体。

二、外部治理环境与供给侧改革

我们注意到，十八届三中全会以来，中央政府一直在加快法治化进程，修改了《公司法》、《证券法》等多项法律法规，大刀阔斧地简政放权，减少审批项目，提高审批效率，并大力发展债券市场和多层次资本市场，改革监管方式，加强事中事后监管。这些举措提高了大众创业万众创新的积极性，在很大程度上降低了企业的交易成本，释放了企业的活力。但是我们也注意到，有一些文件尚停留在指导意见层面，还未最终落地。从优化企业外部治理环境的角度，我们认为以下三方面的改革需要继续推进和强化。

一是继续简政放权。行政部门的审批权需得到各方监督，需防止一些部门取消一些审批事项后，变相地增加了另一些审批事项。在优化行政环境方面，各级政府可以从两方面加以改进。其一是设立所有审批事项的时间表，规定多长时间内完成审批，若未完成则给出合理解释，以供外部监督。其二是提高审批过程的透明度，对于超过1个月的审批事项，在相关网站上开辟专门通道，供申请者查询审批进度，关注审批动态。

二是完善投资者保护法律。目前中国还没有关于投资者保护的法律，只有关于投资者保护的一些规定，比如《投资者关系管理制度》和《投资适当性管理办法》，由证监会和交易所履行投资者保护的职责。而在美国，有专门的《证券投资者保护法》，专门保护投资者权益。我们建议，中国应在《公司法》、《证券法》中增加对投资者权益的论述，并立新法，保护投资者的合法权益，提高上市公司管理层侵害股东权益的成本，使投资者维护自身权益时，更有可操作性，也更加方便。若如此，公众将更愿意进入资本市场，资本市场将在更大范围内发挥资金优化配置的功能。

三是调整税收政策。英美供给侧改革的主要措施是减税，这对中国的当前改革有很大启示。我们认为，中国除了推行减税措施外，亦需在特定领域内调整税的征收方式。除了营改增外，另一个重要方面是调整股权激励的税收政策。现行税收政策下，被激励者需要在行权日先投入一笔资金，以购买相应数量的股票，并按照行权价和市场价格的差异所得支付一笔个人所得税。这一笔先期资金和个人所得税成为诸多高管人员的难题，因为大多数行权者很难有此笔闲余资金，或在短时间内筹集到此笔资金。并且，只有将来把股票以高于行权价的价格售出，并能抵补行权时支付的税金，行权者才称得上获得收益。由于我国股票二级市场不完善，即使公司业绩稳步上升，未来禁售期之后股票价格也有可能低于行权时的价格，这样行权者面临被套牢的困境，不仅已支付的所得税已成为无法挽回的损失，而且所购买的股票也成为烫手山芋。由于税收政策和二级市场的原因，很多公司只有在股票期权外寻找其他的激励方式。

三、内部治理机制与供给侧改革

从企业的角度，供给侧改革是企业转型升级的重要契机。在外部压力下，一批企业将关停并转，不少企业将面临很大竞争压力，只有主动调整经营思路，完善治理机制，才能不被淘汰，迎接下一轮繁荣。之前很多企业认为，设立公司治理机构、建立公司治理制度只是为了满足监管部门的要求。很多中小企业认为，完善公司治理是大企业的事儿，中小企业都是一个人说了算，无所谓治理机构与机制。近年来这两方面的情况都有转变，越来越多的企业认识到，公司治理并非无关紧要，中小企业从创立伊始就需注重公司治理，不能等出了问题再亡羊补牢。那些治理规范的公司，更受投资者的青睐和追捧，也通常发展得更快更好。问题是，很多企业以为设立了股东会、董事会和监事会等治理机构，公司治理就算规范了。实际上，公司治理的形式规范并不意味着功能的完善，不能发挥功能的形式，对企业反而是成本。广大企业需从公司治理的功能出发，调整治理结构，完善治理机制。

从功能上看，通常认为最重要的治理机制是决策机制和激励机制，治理结构的建立，需立足于促进这两种机制发挥作用。决策机制主要有集体决策和一人决策两种，决策机制决定公司的运营风格和企业文化，也会影响企业的活力。激励机制的目的是激发员工创造力，全身心投入日常工作，为公司发展贡献力量，主要有短期激励和长期激励两种。短期激励乃薪酬和津贴，长期激励主要是股权激励。从现实情况看，大部分企业的长期激励主要面向管理人员，尤其是高管，其他员工均以短期激励为主。近年来随着知识、技术等因素在企业中的重要性超过资本，拥有这些生产要素的员工也希望持有股份，提高在企业中的话语权，以往的激励机制显得古板僵硬，落后过时。

因此，在供给侧改革的背景下，广大企业除在治理结构方面满足基本的规范外，需着力完善决策机制和激励机制，实现本企业资源的优化配置，提高全要素生产率。

一方面，理顺股权结构和控制权结构。到底是股权集中好，还是股权分散好，理论和实务上一直存在争论，各种股权集中度下均有业绩好的企业，也有业绩差的企业，这说明股权集中度并非企业绩效的唯一决定因素。但是大量研究表明，由股权集中度决定的控制权结构对企业绩效有决定性因素，那些有实际控制人，实际控制人为自然人，且实际控制人担任公司董事长的企业，业绩通常优于其他企业。实际控制人与绩效的这种联系在中小企业中更为明显，需引起重视。当然，随着企业发展壮大，决策机制需从一人决策转向集体决策，实际控制人需创造条件，汇集众人智慧，为企业发展献策献力。

另一方面，扩大股权激励的范围。无论是国有企业，还是民营企业，均需将更多管理人员纳入激励对象，提高对核心技术人员的激励力度。近年来随着公司治理文化逐渐普及，很多企业均对高管进行了股权激励，包括股票期权、股票增值权、限制性股票等。但是目前来看，激励对象还比较少，很多管理人员只是高级白领，对企业没有归属感和主人翁意识，人员流动性较大。这种现象对大企业的影响可能不大，但对中小企业的影响非常明显。中小上市公司需着力扩大股权激励对象，以合理的激励制度团结优秀人才，将企业做大做强，为社会创造更大价值。

新一轮国企改革的亮点、难点和启示

党 印 鲁 桐

新一轮国企改革是中国经济改革的重要切入点，关系到中国经济结构的战略性调整，关系到国有经济在国民经济中的战略性布局。从2013年十八届三中全会以来，党中央、国务院先后发布了关于国企改革的多项文件。十八届三中全会确立了国企改革的总体思路，深改组2014年通过央企薪酬改革方案，2015年确立党要管国企的原则。2015年8月以来，党中央、国务院先后发布《关于深化国有企业改革的指导意见》、《关于国有企业发展混合所有制经济的意见》、《关于改革和完善国有资产管理体制的若干意见》等10余个文件，就分类推进国有企业改革，国有资产监管机构职能转变、国有资本授权经营体制、国有资产监督等方面进行规划。可以看出，随着各项文件陆续出炉，新一轮国企改革的思路逐渐清晰，措施和方式逐渐明确，国企改革的大幕正徐徐拉开。

一、新一轮国企改革的亮点

回顾前三轮国企改革，我们可以看出此轮国企改革的亮点和突破之处。第一轮国企改革始于1979年，核心是放权让利，调动国企经营者的积极性。

原文载《中国金融》，2016年第7期。

第二轮国企改革始于1992年，核心是推行股份制，建立现代企业制度，并提出“产权清晰、权责明确、政企分开、管理科学”的十六字方针。第三轮国企改革始于2003年，核心是成立国资委，建立出资人制度，对国有企业进行战略重组。改革历程表明，国企改革最初只限于国企经营层面，后来上升到股权层面，再后来上升到国有资本层面，改革重心不断上移，着眼点越来越立足于宏观。纵观此轮国企改革的相关文件，我们认为，此轮国企改革是建立现代企业制度的延续，是对出资人制度的进一步优化，国企改革、国有资本管理改革、国有资产监管改革成为一脉相承的三个方面。总体来说，此轮国企改革有三大亮点：第一是分类推进国有企业改革，第二是组建国有资本投资、运营公司，第三是加强和改进党对国有企业的领导。

具体而言，国企分类改革是将国企分为商业类和公益类，通过界定功能、划分类别，实行分类改革、分类发展、分类监管、分类定责、分类考核，提高改革的针对性、监管的有效性、考核评价的科学性。组建国有资本投资、运营公司乃解决政企不分问题的重要尝试，通过股权运作、价值管理、有序进退，促进国有资本合理流动，其目的是实现从管企业向管资本的转变，改变国有资本授权经营体制，并推进国有资产监管机构职能转变。国企所处的行业大多关系到国家安全、国民经济命脉，加强党对国有企业的领导，是由党的性质、执政党的地位、社会主义企业的性质决定的。随着国企运营环境的变化，国企党组织发挥作用的途径和方式需不断创新。从领导班子到人才队伍，国企选人用人方式需不断优化。我们认为，新一轮国企改革以这三个亮点为总纲，其他措施比如央企薪酬制度改革、完善公司治理等均围绕这三个亮点，是对这三个亮点的补充和保障，亦是对之前改革的延续。

二、新一轮国企改革的难点及国际经验

自2003年国资委成立以来，国有企业取得了不俗成绩，利润率不断提高，进入世界500强的数量不断增加。但是，质疑者认为国企利润来自垄断，进入世界500强是因为并购重组，如果去除这些因素，国企真实业绩要打上

折扣。我们认为，国企会计利润不容置疑，但对经济利润的评判取决于评判标准。对经济利润的较高要求反映出市场对国企的较高期望，新一轮国企改革亦是对市场的回应。从国企本身来说，过去十年快速发展中积累的沉疴宿疾，也需要集中整治，使外部治理结构和内部治理机制能动态地适应市场环境，以再创佳绩。从国有资本管理来说，管人管事管资产太面面俱到，难度很大，且背负着政企不分、政资不分之名，亟须理顺关系，扭转局面。因此，新一轮国企改革是各方的共同需求。

国企改革的难点在于，国有股东如何行使所有权和控制权，从而提高国企经济效益。这包括所有权的大小问题，行使控制权的方式问题，以及所有权和控制权的匹配问题。饱受诟病的政企不分、政资不分问题，其本质亦是所有权与控制权的界限问题。如果界定清楚所有权、控制权，就不会出现政府之手的越位、缺位和错位现象。在这方面，其他国家国有股东行使所有权和控制权的方式值得我们借鉴。

第一，政府要么委派某个部门直接行使股东所有权，要么设立一个运作层（如控股公司），间接行使股东所有权。从1980年代西方国家掀起私有化浪潮以来，伴随着国有资产监督和管理体制的变革，国家所有权组织形式从分权模式逐步演变为双重部门模式、集权模式。分权模式下，各个国有企业分属不同的政府机构或部门。双重模式下，除了政府的产业部门负责各自的国有企业外，特设一个机构来保证部门之间的协调，并负责制定有关的国企总体政策。集权模式下，大部分国有企业由一个机构负责，该机构可以是某个政府部门，也可以是某个特设机构，特设机构可以是主权基金，也可以是控股公司。

第二，政府可以在所有权较小的情况下实现对国有企业的控制，方式是黄金股或否决权。英国、俄罗斯曾实行黄金股。具体而言，黄金股是一种特殊的优先股，国有股东的行政权力可以直接进入企业的决策机制。即使国有企业股份因百分之百转让而变成民营企业，政府仍可以通过持有黄金股，依据相应章程对企业行使管理控制权。否决权是国有股东权力实现机制的一种补充，它不改变一股一票制，也不一定实施，而是国家股东意志的体现，是政府对一些特定事项实现低成本监管的机制。

第三，国家作为一个积极的所有者应该在法律框架内行使其所有者权利。由于政府扮演着市场调节者和国有企业所有者的双重角色，能否将这两个职责分开便成为政府能否建立公平竞争的市场秩序的关键。为了避免不适当的政治干预或被动的国家所有权，OECD认为国家应作为一个积极的所有者行使其职责，主要包括四个方面：委派代表出席股东大会并行使投票权；建立规则透明的董事会程序并积极参与董事会的提名。国有企业的董事会应该透明、规则明确，并以专业和多元化为基础。

第四，建立报告制度，定期对国有企业的经营绩效进行监督和评估，并与国有企业的外部审计机构和国家监察机构保持沟通。国有资产管理部门应使用适当的手段和价值评估方法，监督和评估国有企业的经营业绩。为更好监督国企经营业绩，国有资产管理部门需配备具有会计和审计技能和经验的专业人士，并定期与外部审计员和国家特派监察机构保持顺畅的沟通。

三、国企改革启示

中国的新一轮国企改革以国有资本投资、运营公司为抓手，从“管人管事管资产”的模式转变为“管资本”的模式，将隔断政府对国企的直接干预。国有股东对国企的影响只能通过国有资本投资、运营公司来实现，国有资产监管部门不再行使公共管理职能，这将在很大程度上释放国企活力，解决政企不分、政资不分问题。可以看出，中国新一轮国企改革借鉴了其他国家的一些经验，大方向仍是提高国企经济效益和市场活力，实现国有资本保值增值。结合中国情况，我们认为，国际经验对中国国企改革有以下几点启示。

第一，理顺国有企业和国有资本经营管理体制。之前中国国有企业的委托代理链条是“全体人民—国务院—国资委—国有企业集团—国有企业”，国资委管人管事管资产。成立国有资本投资、运营公司后，其将代替国资委行使出资人职能，国资委将主要行使监管职能。那么，国有资本投资、运营公司和国资委之间需理顺协调关系。理论上说，国有资本投资、运营公司也需要接受国资委的监管。但这是否意味着国企委托代理链条增加了一个环节，国资委对国有企业的管理更难了？我们认为，设立国有资本投资、运营公司后，其将按照市场化的方式投资、运营，这有利于释放国企活力。国资委对国有企业的管理由直接控制变为间接控制，所有权和控制权的行使将更符合公司治理的最佳实践，政企不分、政资不分问题将迎刃而解。

第二，与国企分类改革相对应，可以考虑分类组建国有资本投资运营公司。分类标准既可以是行业，也可以是地域。国有资本投资公司的投资范围，需集中于关乎国计民生的重要行业、关键领域、重点基础设施、前瞻性战略性产业、产业链的关键环节和价值链的高端。可借鉴国际经验，在持股较少的情况下，通过黄金股或否决权，保证国有股东对重要国企的控制权。

第三，逐步将指导意见变成固定法律条文。日本1922年就制定了《国有财产法》，1948年又颁布了新的《国有财产法》，一直沿用至今。新西兰也于1986年颁布了《国有企业法》，规定了政府与国有企业的关系是出资人与所出资企业的关系。中国于2008年颁布了《企业国有资产法》，确立了国企运营管理的诸多原则。我们认为，十八届三中全会以来出台的诸多文件对国企的影响将非常深远，应逐步将指导意见的主要内容融入《企业国有资产法》，以法律的形式确立国企运营框架，使相关主体在法律框架内行使所有权、控制权及监督职责。

第四，加强信息披露。这包括国有资本投资、运营公司的信息披露和国有企业的信息披露。前者乃对国务院、全国人民代表大会负责，可适时发布年度报告，使政府和民众对国有资本运营情况有全面了解。提高国有企业信息披露的透明度有利于公众清楚地了解国企经营业绩和运营情况，有利于国务院有效行使所有权职责，也有利于国有资本投资、运营公司行使控制权职责。

改善国有企业公司治理的思考

鲁　桐

党的十八大以后，中央加大了反腐力度。一批大型国有企业如中石油、中移动、中储粮等的多名高层管理人员接受调查。特别是国资委主任、前中石油掌门人蒋洁敏涉案，并牵涉到大批相关国企高管。这一系列事件展现了中央前所未有的对国企反腐的重视，也暴露了国企在管理体制上存在的问题。国有企业公司治理的缺失是造成国有资产流失、国企高管腐败案频发的主要根源，建立有效的治理机制是我国国有企业管理面临的迫切任务。

改革开放30多年来，国有企业改革经历了扩大企业自主权、承包、抓大放小等一系列的探索。1993年党的十四届三中全会提出了建立现代企业制度的改革思路，同年《公司法》的正式颁布使国有企业踏上了以股份制为主要形式的改革途径。近二十年来，为了寻求国有经济与市场经济有效融合的途径，我国国有企业的改革主要从两个方面入手：一是国有资产管理体制的改革，二是在微观层面上建立现代企业制度。2002年11月党的十六大确立了国有资产管理体制改革的方向，提出“国家要制定法律法规，建立中央政府和地方政府分别代表国家履行出资人职责，享有所有者权益，权利、义务和责任相统一，管资产和管人、管事相结合的国有资产管理体制”。国有资产管

原文载《中国国情国力》，2016年第3期。

理体制改革在国有资产管理职能和社会公共职能分离方面迈出了关键一步。在企业层面，大批国有企业经过公司化改造，纷纷建立了以股东大会、董事会和监事会为主体的公司治理基本框架。

尽管国有资产管理体制和国企的公司化改革都取得了一定的成绩，但应该看到国有企业公司治理的规范程度和运作实效都不理想。例如，国有资产出资人不到位和政府对企业的直接干预现象并存；国有大股东滥用权力与企业内部人控制的现象并存；虽然国有企业领导人的考核制度已建立多年，但问责体系却存在很大缺陷；国有企业管理和运行缺乏透明度；一些公司决策机制不健全，“一把手”说了算等等。这些问题表明，我国国企以及国有资产管理中的委托—代理风险长期存在，且仍没有得到妥善解决。由于产权虚置，全体人民作为最终的委托人以及国企领导人作为最终的代理人，两者均不能有效履行自身的责任与义务。国家对于国企的监督实际上主要依赖于外部监管，通过巡视小组、各级纪律检查委员会等形式，对国有企业的经营行为进行监督检查，但由于外部监督成本巨大以及各级政府与企业之间的利益关联，监督效果不佳。

其实，无论是发达国家还是发展中国家，国有企业仍然在国民经济中占有重要的地位。20世纪80年代，以英国、法国、澳大利亚为代表的发达国家实施了大规模私有化运动，国有企业在发达国家经济总量中的比重有所降低，但仍地位显著。据经济合作与发展组织（OECD，2014）统计，在其34个成员国中，共有2111家国有企业，资产价值超过2万亿美元，雇佣人数600万人①国家所有权在能源、交通、邮政、电信、电力和天然气、大众传媒和金融服务等基础设施以及具有战略意义的领域仍占有较高的比重，而且，这些领域对一国的竞争环境和整个国民经济都产生着重要影响。但国有企业因其自身的特殊性——国家所有和复杂的委托代理链条，使国有企业公司治理与私营企业相比面临更严峻的挑战。不当的政治干预、消极的董事会以及信息缺

① OECD（2014）The Size and Sectoral Distribution of SOEs in OECD and Partner Countries, OECD Publishing,p9.

乏透明度等问题已经引起了各国公众的关注。国有企业公司治理的好坏，直接影响着这些企业的业绩和效率，也影响着一个国家公共财政状况和经济增长，因此受到各国普遍重视。最近20年来，在改善国有企业公司治理方面，不少国家进行了诸多探索，并积累了一些经验甚至教训，这些经验教训对于我国下一步深化国企改革具有直接的启发意义。

国企改革的难点在于，国有股东如何行使所有权和控制权，从而提高国企经济效益。这包括所有权的大小问题，行使控制权的方式问题，以及所有权和控制权的匹配问题。饱受诟病的政企不分、政资不分问题，其本质亦是所有权与控制权的界限问题。在这方面，世界其他国家国有股东行使所有权和控制权的经验值得我们借鉴。

笔者认为，改善我国国有企业公司治理应多管齐下，核心是建立企业高管人员的问责制度。具体包括以下几个方面。

第一，确保国家所有权的到位和不越位。

所谓国家所有权的到位是指国家作为一个积极的所有者在法律框架内行使其所有者权利，主要职责包括四个方面：委派代表出席股东大会并行使投票权；建立规则透明的董事会提名程序并积极参与董事会的提名；国资委作为国有控股股东代表应定期对国有企业的经营绩效进行监督和评估，并与国有企业的外部审计机构和国家监察机构保持沟通；确保国企高管薪酬激励符合公司发展的长期利益，并能吸引和留住合格人才。

为了有效行使上述职责，国家应制定明确的所有权政策，以表明国家作为所有者所要实现的总体目标，以及国有企业为实现这些总体目标而制定的实施战略。目前，世界许多发达国家政府在对国有企业的管理中都制定了明确的所有权政策目标。例如，瑞典政府的国家所有权总体目标是“为全体所有者创造价值”。英国股东执委会的所有权总体目标是“扮演有效而明智的股东角色，在政府设定的政策、监管规划和客户参数框架内，确保政府持股能带来可持续的正回报，并随着时间推移，弥补资本成本”。法国国家参股局（APE）作为法国政府的所有权机构，制定了《国有企业与国有股东关系的章程》。该部门通过委派到国有企业董事会的代表，每年对企业执行该《章程》的有效性进行专门评价，国家参股局根据评价结果形成年度报告。

国家所有权不越位是指政府在明确的所有权政策下，避免干预国有企业具体的运营事务，允许国有企业在董事会的直接领导下享有充分的经营自主权。国有资产管理部门应尊重董事会的独立性。

第二，应在国企分类管理的前提下，确保国企董事会授权明确，承担全部受托责任。

自2004年6月国资委开始进行国有独资企业董事会试点工作以来已近10年的时间，仍有相当一批国有企业没完成公司化改造的任务。从已建立董事会的52家央企来看，在规范建设国企董事会方面取得了初步的进展。主要表现在建立了外部董事制度，实现决策层和执行层分开；董事长与总经理分设，并明确规范两者的职责；建立国有企业外派监事会制度，对董事会进行评价等。

但现有的国企董事会建设缺乏分类管理的基础，不同类型的企业使用同一治理标准和考核，使国有企业公司治理缺乏针对性，也有失公平，董事会的受托责任无法真正到位。

国有企业因其职能的复杂性，除实现经营业绩的目标以外，还根据政府的需要承担公共服务和特殊职能。应将不同职能类型的国企分别对待，制定不同的治理评价体系。挪威政府将国有企业分类管理的做法值得我们借鉴。挪威政府目前控制着约5万亿人民币的国有资产，将所有国有企业分为四类：①具有商业目标的国有企业；②具有商业目标和全国总部的企业；③具有商业目标和其他具体目标的企业；④具有产业政策目标的企业。挪威政府根据四种不同类型的国企制定不同的所有权政策目标。意大利的国有企业有服务公众的特殊职责，这些职责内容明确记录在企业与政府签订的《公共服务协议》中，并以透明的形式向社会公布。协议明确规定了国有企业承担公共服务的标准，如服务的特性和质量、收费标准、生产率、每单位生产成本等，以利于管理部门和社会的监督。从实施的效果看，《公共服务协议》的签署有利于国企运行效率的提高。

第三，提高国有企业信息披露的透明度是改善国企公司治理的关键手段。

我国国有资产管理和国有企业运行的薄弱环节是缺乏国企信息披露的透明度，不利于广大民众和高层权力机关对国有企业的监督。世界各国国有企业管理和运行的经验表明，确保企业层面充分的信息披露和透明度是改善国有企业治理和运行效率的必要手段。提高国有企业信息披露的透明度有利于公众清楚了解国企经营业绩的运营情况，唤起民众和媒体对国企的关注和监督，有利于全国人民代表大会有效行使所有权职责。《OECD国有企业公司治理指引》提出“国有企业应遵循高标准的透明度”。为贯彻这一原则，国有企业应制定有效的内部审计程序和外部独立审计制度。国有企业的会计和审计标准应比照上市公司的相应标准。大型国有企业应按照高标准披露财务和非财务方面的信息。挪威主管国有企业的贸易与工业部每年向社会发布《所有权年度报告》，按照国有企业的四种不同类别，阐述所属国有企业的战略目标、执行情况、财务绩效、关联交易、公司治理和高管薪酬等信息，使公众对国有企业的运行情况一目了然。

总之，国有企业因其在经济社会中的特殊地位和重要性，受到世界各国政府的普遍重视。由于国家所有权的存在使国有企业公司治理更加复杂、更具难度。在我国，国有企业改革一直是整个改革开放战略的重要环节，如何在国有企业引入恰当的问责机制并提高信息披露的透明度是政府在改善国有企业公司治理方面的关键挑战，希望相关部门重视并制定相应措施。

从公司治理看万宝之争

党 印 鲁 桐

2015年岁末，万科的股份在二级市场上被宝能大量增持，宝能一跃成为万科的第一大股东，万科创始人王石及其率领的管理团队公开反对宝能的增持行为。于是，围绕万科是否应该接受现实，王石是否应该退出舞台，宝能什么来历，其掌门人姚振华意欲何为等，市场人士议论纷纷。

一方是著名企业家和带有国有色彩的著名企业，另一方是非著名企业家及资金实力非常雄厚的民营企业，因一方反对，另一方霸王硬上弓，使这场股权之争从开始便带有不对称的逆袭色彩。万科的反对遭宝能无视后，申请股票停牌，停牌期间万科与宝能分别争取第三方支持，监管部门亦在此期间先后发声。在2016年3月份临时股东大会前后，万科管理层拟引入新股东深圳地铁，形势变得有利于王石，但原大股东华润对程序表示异议，使深圳地铁入股万科充满变数。截至目前，这场股权之争一波三折，悬念频生。万宝之争的本质是什么，各种争论的症结在哪里，是否可以从现有理论中找到依据，对其他公司和中国资本市场的发展有何警鉴意义？

原文载《中国金融》，2016年第11期。正式发表时有删节。

一、万宝之争的本质：股东至上VS利益相关者至上

万宝之争表面上是万科管理层反对宝能控股万科的股权之争，实质上是万科管理层与宝能关于万科控制权的争夺。双方关于控股权与控制权的争夺，经市场发酵，很快演变为一个站队问题，即广大中小股东支持宝能，还是支持万科管理层？

支持宝能的主要依据是，宝能没有违反市场规则，合法合理地买入万科股票，无可厚非。宝能无论用险资，还是自有资金，外人无权干涉。姚振华向王石明确表态，入股万科后不会改变王石的领导地位，这已非常不易。王石强调道德情怀和企业文化，说明没看清现实，资本市场中一切要靠资本说话。支持万科管理层的主要依据是，万科之所以有今天的成就，一方面得益于大股东不参与公司管理，另一方面得益于职业经理人团队，如果宝能控股，很难保证这两方面不产生改变，而一旦改变，万科的企业文化和品牌价值将受到很大影响。万科将变得和其他众多企业一样，不再是曾经的令人称道的万科，这令人惋惜。

从根本上说，万宝之争是公司治理领域“股东利益至上”与“利益相关者利益至上”争论的一个现实版本。如果赞同股东利益至上，那么就信奉资本的力量，认为资本是无情的，胜王败寇，凭实力说话，不能谈情怀。如果赞同利益相关者利益至上，那么就会追求平衡，股东获取收益不能以侵害利益相关者利益为代价，公司需追求股东、管理层、员工、客户和社会效益的共赢。

在公司治理理论的发展历程上，“股东利益至上”的潮流兴起于20世纪二三十年代，已在20世纪七八十年代让位于“利益相关者利益至上”。这两种理论的背后，契合了企业的演进历程，在工业经济时代，企业由股东创建，股东提供的物质资本具有相对稀缺性和专用性，而人力资本对企业财富创造的作用不明显，专用性也相对较弱，股东至上理所当然。到20世纪80年代，随着新兴企业的出现，知识、技能等因素在企业中的地位赶超资本，这

些生产要素的所有者也承担了企业的风险，股东对企业的重要性反而退居其次，因此公司治理要实现的是包括股东在内的所有利益相关者的利益，利益相关者至上的潮流应运而生。

进一步的，万宝之争可追溯到企业理论层面，即公司治理是基于委托代理理论，还是基于“企业是一种契约联结体”的理论。前者认为资本雇佣劳动，股东拥有这家企业。后者认为企业是个社会组织，需发挥其社会功能。企业到底是为股东创造价值，还是为社会创造价值？这是一个很难厘清的问题，很多时候这两者是一致的，但若定位不同，会产生截然不同的运营理念。若立足于股东，则可能损害其他利益相关者利益，来追求股东利益。若立足于利益相关者，则会强调企业的社会责任，日常生产的外部性，产品和服务的社会效益，等等。

归根到底，万宝之争遵循股东至上还是利益相关者至上，取决于谁对万科的发展更重要。是出资人，还是管理团队、企业文化？当然，双方都有理，争论下去将对错难分，不分胜负。因此，我们认为万宝之争的出路在于和解，或者在于第三方的介入。

二、万宝之争的启示：公司治理至关重要

究竟是股东获胜，还是职业经理人获胜？是市场的力量获胜，还是品牌的力量获胜？中国资本市场是否由“股东至上”过渡到了“利益相关者至上”？短期的胜负并不代表长期的方向。无论怎样，万宝之争给万科、宝能、其他公司及监管部门提供了有益启示。

对于万科，创始人持股较少却掌握着公司的控制权，之前得益于国有大股东华润的无为而治。但是，华润持股一直保持在15%左右，按万科110亿总股本每股20元计算，宝能只需330亿元即可达到15%的持股比例，660亿元即可达到30%的持股比例。对于资本市场的大鳄来说，330亿元也好，660亿元也罢，都不是太大的数字。况且万科股价之前一直在13元左右徘徊，仅停牌前三天股价完全高于20元。这意味着，仅需更少资金便可控股万科。从这个

角度看，即使接下来万科重组成功，增发股票，如果不变更投票权和控制权结构，资本大鳄仍可能卷土重来。

其实，几年前就有资本方希望收购万科股权，种种原因导致收购未果。也就是说，万科创始人团队失去控制权的隐患一直存在，但迟迟没有解除这一隐患。近几年万科推出事业合伙人制度，是解除这一隐患的努力之举，只是进展缓慢，让资本大鳄捷足先登。虽然创始人不一定永远掌握公司控制权，但是否希望掌握，是否能够掌握，是创始人团队必须考虑的问题。万科既然立足于利益相关者，那么找到一个平衡各方利益的方案，才最有说服力。

对于宝能，一家低调有钱的民营企业，之前可以不与媒体打交道，不与外部沟通，但入股一家上市公司，一夜之间成为老大，就必然处于聚光灯之下，需接受各种追问和追踪，及时与外部沟通，消除投资者疑虑。既然进了资本市场，适当的信息披露是义务，也是责任，亦对自身有利。若此时仍缄口不言，不免让人对其策略和能力产生怀疑，原来的支持者也可能转身离去。同时，宝能及宝能们，需清楚敌意收购鲜有成功的，即使收购成功，之后管理层整合和企业文化融合都困难重重，大多以失败收场。如果收购某公司股权，需通盘考虑，从长计议，以免得不偿失。

对于其他公司，需认识到，完善公司治理不仅是满足监管部门的要求，而且事关本公司的稳定发展。公司治理最根本的决定因素是股权结构及随之而来的控制权结构，这两方面没有理顺，就会一直成为公司发展的隐患。华为通过持股员工代表会，阿里通过合伙人制度，京东通过双层股权结构，科大讯飞、汇川技术、网宿科技等公司通过投票权协议，结成一致行动人，使创始人牢牢掌握着公司的控制权。广大公司一方面要观察外部治理环境，另一方面要动态地调整内部治理结构，适应不断变化的环境。

对监管部门，首要职责是不偏不倚，维护公正的市场秩序。此次万宝之争中，保监会发布新规规范保险机构的举牌信息披露，银监会摸底宝能系贷款情况，维护投保人利益，均得到市场的称赞。今后需继续恪守监管理念，不缺位，不越位。

万宝之争不是中国资本市场的新鲜事儿。上一次中国资本市场上类似受关注的事件是国美之争。万宝之争与国美之争的共同点是创始人的持股比例因新入股东而下降，创始人对公司的控制权受到威胁。不同点在于，万宝之争中创始人不是大股东，国美之争中创始人是大股东。万宝之争中创始人的威胁来自于外部的资本大鳄，其实质是创始人与大股东对公司控制权的争夺。国美之争中创始人的威胁来自于内部的职业经理人，是职业经理人引入了新股东，其实质是创始人兼大股东与强势管家对公司控制权的争夺。万宝之争和国美之争代表了资本市场中控制权争夺的两大类别，均是中国资本市场的里程碑意义的事件，值得广大上市公司和希望有所作为的非上市公司反复品读。万科和国美均是改革开放以来成长起来的优秀企业，是行业龙头，在国际上也有很大影响力，其企业文化、公司治理一直是后来者的学习榜样。连如此优秀的公司都不能打盹儿，其他公司有何理由不完善治理结构？中国企业完善公司治理，任重而道远。

从“君万之争”到“宝万之争”：公司控制权市场21年

仲继银

一、王石与万科：中国式创始人控制公司治理模式之痛

“王石与万科：中国式创始人控制公司治理模式之痛”，这是我六年前写过的一篇文章的题目。

王石1984年创建万科前身（科仪中心），1988年完成股份制改造，组建万科企业股份有限公司，把原上级主管公司、理论上持股100%的深圳特区发展公司变成了万科股份公司持股30%的第一大股东。随后，经过仅仅12年的时间，到2000年8月，王石给万科找了新婆家华润时，作为万科第一大股东的深特发持股比例已经下降到了8.11%。深特发所持8.11%的万科国有法人股转让给华润后，华润集团及其关联公司总计持有万科15.08%的股份，事实上已经成为万科的“单一优势股东”。

选择背靠华润之后，万科的公司治理模式演变方向就从2000年以前的股权逐步分散下的创始人控制模式转变为股权重新集中的单一优势股东模式了。而且，仅仅单一优势股东地位似乎还不能让华润感到满意，让王石感到踏实。2000年12月，万科提出向华润定向增发4.5亿股B股、占万科原股本比

原文载《清华管理评论》，2016年第1～2期。

例高达70%的方案，由于遭到A股市场投资者的强烈反对而放弃。如果当时这一巨量的定向增发方案得以实施，万科的公司治理模式回归到一股独大的、跟其他国有控股上市公司没有多少实质差异的典型中国上市公司状态，也就不会有今天这么热闹的“宝万之争”了。

二、“宝万之争”：靠不住的单一优势股东模式

阳光之下没有新鲜事，历史在不断地重复自己。1994年的“君万之争”使王石没有将万科的股权分散之路走到底，并且让王石“一朝被蛇咬，十年怕井绳。”12年后的2006年，已经成为中国企业教父级人物、要总结成功经验的王石还说，“那几日惊心动魄的较量仍让我深深意识到股权分散可能带来的危险”（《道路与梦想》第220页）。更有意思的是，21年后的2015年，远比君安更为凶猛的宝能又出现在了王石和万科的面前，宣告王石在吸取“君万之争”教训后，没有将万科的股权进一步彻底分散，而是回头重构单一优势股东模式的“策略性大股东”策略失效了。

在“王石与万科：中国式创始人控制公司治理模式之痛”一文结尾我曾写道：“王石选择背靠策略性的大股东，而不愿意把万科的根基——股东基础，完全建构在资本市场上，我们不能确定这是因为王石自身的眼界和管理能力有限，还是因为中国资本市场对公司成长的支撑能力有限，甚或是整个中国公司治理体系的缺陷。”今天看来，这两个方面的因素都存在。

2000年时，中国资本市场是相对小并且凝固的，今天中国资本市场的规模和流动性都远非2000年时可比。王石选择华润做策略性大股东，以仅持股15%左右的单一优势股东模式就保证了万科十五年的稳定。但是现在，资本市场的流动性和资金规模，恶意并购者的资金调动能力，中小股东权利意识的觉醒等等，已经使15%甚至是20%左右的单一优势持股难以保障公司控制权的稳定了。2012年的格力董事会换届选举和2015年的康佳董事会换届选举，持股20%多的第一大股东都没有完全实现自己的意志。

三、从“君万之争”到“宝万之争”：控制权市场发展

“君万之争”和“宝万之争”，都属于公司控制权市场范畴,都可归为公司控制权之争，但是二者的源起和性质很不同。

1994年的“君万之争”中，君安证券是因为1993年承销万科4500万B股砸在自己手中1000多万股，成本（12元）高于市价（9元），对公司管理层产生不满，联合其他几家股东发起了内容包括改组万科董事会的股东倡议书。

君安联合的股东包括了当时万科的第一大股东深特发下属的新一代企业有限公司，以及拥有董事席位的中创和海南证券等公司。王石游说中创高层阻止了中创股权代表人参与君安的联盟，游说海南证券以及另一个重要股东深圳市投资管理公司保持中立，并争取到了深特发总经理的支持，将其下属机构新一代企业有限公司持有的万科股权的股东表决权授权给王石。与此同时，王石团队调查出了君安联盟中主要操刀人事先巨额购入万科股票建老鼠仓的行为，并以此为据在深交所坚决不同意万科股票连续第4天停牌时紧急请示中国证监会批准第4天继续停牌。在连续停牌无利可图、主要股东撤销给君安的委托以及中国证监会和深交所有关人员的介入和调停下，君安放弃了对万科控制权的继续争夺。鉴于当时君安持有3.43%的万科股权，万科给了君安一个董事席位。

1994年的“君万之争”本质上属于股东委托代理权争夺（proxy contest），与2010年的“国美之争”性质类似。2015年的“宝万之争”则是一场典型的敌意并购。股东委托代理权争夺主要靠游说能力，公司管理层通常具有优势，除非其业绩实在太差。敌意并购是真刀真枪的战斗，是货币说话，公司管理层并没有太多优势。君安是被迫成为万科的股东，宝能则是主动要做万科的股东，并且是要做第一大股东。从“君万之争”到“宝万之争”，经过21年的发展之后，中国公司控制权市场终于进入了一个新阶段。

四、"宝万之争"的公司治理含义

作为一种公司治理机制，敌意并购是公司控制权市场发展的最高阶段。所谓"敌意并购"是就被收购公司管理层的态度而言的。公司管理层不欢迎敌意并购，并往往会采取一些抵制行为。对公司股东来说，敌意并购是件幸福的事情。这就像有人来竞争小区物业管理，对现任物业公司是个坏事，对小区业主则是个好事。

网上披露出来的王石在万科北京办公室的谈话表明，宝能收购万科股份，最初并非敌意。宝能希望王石能够接受自己做万科的第一大股东，但是王石不接受，王石认为以宝能现在的信用和管理能力，不配做万科的第一大股东。王石自己主动选择站在了宝能收购行为的对立面，把这场收购变成了敌意并购。

在宝能方面则是，王石和公司管理层要是欢迎更好，不欢迎也没有关系，他们更看重的是万科公司本身。在明确知道了公司管理层的抵制态度之后，继续收购万科股份，并于2015年8月26日，持股15.04%，超过华润，成为了万科的第一大股东。在华润增持到15.29%（截至11月20日）夺回第一大股东地位之后，宝能更是大举收购，并且持股比例大大超过了华润，达到了23.81%（截至12月11日）。宝能不仅是不顾万科管理层的抵制态度，进行敌意收购，而且是不怕与国有大集团华润展开一场并购战，铁了心地要把万科纳入旗下。万科股票于12月18日下午开市前因重大资产重组停盘，战斗从二级市场转到了一级市场，从公开方式转为了非公开方式。

我们且不管这背后都有什么样的力量在争斗，以及最后的结局会怎样，仅就目前来说，敌意并购能够发展到如此程度，是中国资本市场，特别是公司控制权市场的一种进步。

五、精英意识与市场的力量

没有股份制改革和股权分散，王石可能就成就不了他的万科事业。但是在遭遇了一次股东委托代理权争夺之后，王石就开始惧怕股权分散，选择了走股权集中、背靠所谓策略性大股东的回头路。这在当年的那种市场状况下，也许是一种合理的选择。可是在随后的15年中，王石似乎很安于他的这种平衡木上的状态。“平衡木上的王石”是我前述文章中一个小节的标题。现在很明显，无论王石技艺如何高超，走在平衡木上总是一个危险的事情。

中国人的思维总是偏好集中，以为集中起来才安全。比如，所谓涉及国计民生的行业要保持国有，可是集中起来的国有，不还是要由官僚体系选择出来的一些个人来具体掌管吗？一旦这个人不可靠，其危害力是巨大的。其实，集中是更危险的，越是分散的才越安全。当年，凡德比尔特家族控制美国铁路，美国政府出于国家安全考虑，强令其将所持铁路公司股票转售给公众。高度分散的公众持有才是最安全的。精英意识作怪之下的官员，会口口声声老百姓，但实际最看不起百姓；精英意识作怪之下的公司管理者，会口口声声中小股东，但实际最看不起中小股东。

在公司股权结构选择上，惧怕分散，实际就是一种精英意识在作怪。不得不说，王石所表现出来的就是一种精英意识，他看不起宝能，认为是“突然冒起来的人物，大家根本不知道是谁，名不见经传的突然就爆发起来，迅速地成长”（引自网上披露出来的王石在万科北京办公室的谈话）。市场的力量就是来自“无名之辈”，比尔·盖茨最害怕的挑战是“有人在车库里进行全新的发明”。

六、如果万科当年不是回头，而是继续走股权分散之路

万科没有继续推进股权分散，有审批制的中国资本市场上一直存在着严格的公司再融资限制这方面的原因，但更主要的还是当事人的认识问题。中国创业板上市公司的股权分散速度就远远快于主板上市公司。创业板上市公司主要来自市场，他们相信并且也只能通过市场的力量来发展和壮大。

如果万科当年不是走了股权集中的回头路，而是继续推进股权分散，现在会怎样？万科会早就被人收购了，王石也早就被人赶走了吗？中国第一

代企业家的典型特征是，利用政府关系和国有资源起步，在市场中把企业做大。赶走他们的力量主要来自政府和国有股东，如褚时健和倪润峰等。市场力量都把他们当宝。

退一步讲，股权分散市场中的公司，只要不是业绩实在太差，像万科这样优秀的公司，完全有机会通过修改公司章程，引入一些市场化的合同治理机制，来抵御敌意并购，保护公司管理层的职位稳定和利益。万科靠上了华润之后，就没有在这方面进行相应的制度设计。可以采用的办法很多，如，按投票权不同进行的分类股份，按任期不同进行的分类董事，公司股东权益保障计划（俗称的毒药丸），经理人控制权变更条款（俗称的金降落伞）等等。

万科如果不是走回头路，本来最有机会实行的一种制度是单一股东及代理他人行使的最高投票权比例限制条款。比如，2000年时，万科的第一大股东持股比例已经下降到了仅有8.11%，可以通过公司章程设定在公司股东大会上，单一股东及代理他人所能拥有的投票权最高不能超过9%。然后再随着第一大股东持股比例的下降，逐步把公司章程中单一股东及代理他人的最高投票权比例限制降低，可以直至3%（如雀巢公司），2%，甚至1%。中国桂林一家内部员工持股的公司，为了避免社会资本通过代理人进入，通过公司章程设定单一股东及代理他人最高可以拥有的投票权比例为2%。

1904年的中国清《公司律》和1912年的《中华民国公司条例》都规定，公司可以限制单一股东及代理他人所能拥有的最大投票权比例，1929年的《中华民国公司法》则直接规定单一股东及代理他人所能拥有的最大投票权比例不能超过20%。中国现行《公司法》第43条规定："股东会会议由股东按照出资比例行使表决权；但是，公司章程另有规定的除外"，实际为按投票权进行的分类股份以及通过公司章程限制单一股东及代理他人所能拥有的最大投票权比例提供了依据[①]。

① 可以进一步参阅作者在《商业观察》杂志上的专栏文章"在一人一票和一股一票之间：股东投票权的历史演变"。

按规则争与规则之争：2016年的公司控制权市场

仲继银

2016年，中国上市公司控制权之争风起云涌，各路资本大张旗鼓地行使中国《公司法》所赋予的股东权利，向公司管理层挑战，这可以说是一种中国公司治理历史的进步。可是，另一方面，这些纷争并没有结出什么像样的果实，通过按规则解决纷争而反过来促进中国公司治理规则的清晰和改善。

一、控制权市场发展的万科之镜

“万科之争”是反映中国公司控制权市场发展历程的一面最好的镜子。1994年的“君万之争”开启了中国公司控制权争夺的历史先河。“君万之争”使王石没有将万科的股权分散之路走到底。在《董事会》2009年第9期上发表的“王石与万科的中间道路——中国式创始人控制治理模式之痛”一文结尾我曾写道：“王石选择背靠策略性的大股东，而不愿意把万科的根基——股东基础，完全建构在资本市场上，我们不能确定这是因为王石自身的眼界和管理能力有限，还是因为中国资本市场对公司成长的支撑能力有限，甚或是整个中国公司治理体系的缺陷。”今天看来，这两个方面的因素都存在。

原文载《董事会》，2017年第2期。

21年后的2015年，宝能又出现在了王石和万科的面前，宣告王石在吸取“君万之争”教训后，没有将万科的股权进一步彻底分散，而是回头重构单一优势股东模式的“策略性大股东”策略失效了。在《清华管理评论》2016年第1期上发表的“从‘君万之争’到‘宝万之争’”一文中我写道：“我们且不管这背后都有什么样的力量在争斗，以及最后的结局会怎样，仅就目前来说，敌意并购能够发展到如此程度，是中国资本市场，特别是公司控制权市场的一种进步。”现在看来，这种进步与当年“君万之争”的结束方式类似，再一次受到了监管层的干预和非市场力量的控制，而使其进步的价值大打折扣。

2016年全年都贯穿着万科之争，并且从宝万之争演变成了华润、宝能和万科之间的多方之争。特别是“华万之争”中，华润和万科双方的争议涉及了董事会会议计票规则这样一个看似非常简单实际非常复杂和重要的公司治理基础规则问题。在2016年7月6日《上海证券报》上的“一片争议中公司治理核心问题不容模糊”一文结尾中我写道：“放眼中国公司治理的进步历程，这场万科控制权之争，谁输谁赢都不重要。由此促进公司治理具体规则的改进，使某些模糊的原则有了清晰的界定，并使一些正确的公司治理理念和知识得到传播，才是最有意义的。”可是到目前为止，我们还没有看到万科之争中涉及的公司治理具体规则得到改进，模糊原则得到有关方面的清晰界定。

二、按规则争控制权是公司治理进步的表现

“君万之争”和“宝万之争”，都属于公司控制权市场范畴，都可归为公司控制权之争，但是二者的性质有所不同。“君万之争”本质上属于股东委托代理权争夺（proxy contest），与2010年的“国美之争”性质类似。“宝万之争”则是一场典型的敌意并购。股东委托代理权争夺主要靠游说能力，公司管理层通常具有优势，除非其业绩实在太差。敌意并购是真刀真枪的战斗，是货币说话，公司管理层并没有太多优势。君安是被迫成为万科的

股东，宝能则是主动要做万科的股东，并且是要做第一大股东。从“君万之争”到“宝万之争”，经过21年的发展之后，中国公司控制权市场终于进入了一个新阶段。

作为一种公司治理机制，敌意并购是公司控制权市场发展的最高阶段。所谓“敌意并购”是就被收购公司管理层的态度而言的。公司管理层不欢迎敌意并购，并往往会采取一些抵制行为。对公司股东来说，敌意并购是件幸福的事情。这就像有人来竞争小区物业管理，对现任物业公司是个坏事，对小区业主则是个好事。可是“野蛮人”、敌意并购，就和资本市场上的做空一样，本来都是中性词语，都是维持资本市场健康和改进公司治理所必需的金融手段，却被中国舆论（甚至包括一些监管层人士）妖魔化了。

公司管理层的稳定固然重要，但是如果这种稳定达到了可以不受挑战，没有任何可竞争性的程度，它就走向了反面。“野蛮人”和敌意并购的存在，正是提供了对管理层职位稳定性的一种挑战，使上市公司管理层职位具有可竞争性。中国上市公司中，要么是国有控股，要么是一股独大，其管理层都可以不受资本市场控制。只有少数股权分散到一定程度的公司，才出现了公司控制权市场。像宝万之争这种在健康资本市场上稀松平常的事情，在中国引起轩然大波，甚至惊恐，是对现代公司治理体系，特别是对资本市场作为一种公司治理机制的作用，缺乏足够认识所致。

三、颠覆了管理主义模式的公司控制权市场

公司控制权市场这一概念是由法和经济学运动带头人亨利·梅恩于1965年提出来的。当时正是管理主义模式的顶峰时期，严格遵循理性人假设的经济学家不能理解为什么会存在可以忽视投资者利益的公司？

1976年迈克尔·詹森和威廉.麦克林进一步提出了“公司是一组契约关系”的概念。他们问道：数百万人都把财富的很大一部分投资到那些管理层根本就不关心其利益的公司，这怎么可能？投资者不是傻子，只要还有其他选择，聪明的投资者绝不会把他们的资本交给忽视他们利益的公司。那些忽

视投资者利益的公司，要么被收购而出局，要么因要支付更高的融资成本而在市场竞争中出局。

在有效的股票市场上，管理不善、无视投资者利益的公司，股价会下跌，公司会成为并购对象，管理层会被驱赶出局。但是，那些能够识别这种机会并发出收购要约的都是行业内的竞争对手，而传统上过于偏重市场份额的反垄断法规阻止了这种能够提升价值的同行业并购。

从梅恩到詹森和麦克林的学术讨论，为1980年代的并购浪潮提供了理论支撑，崇信市场力量的里根政府则为这场并购浪潮从法规和政策上提供了催化剂。1980年代开始，里根政府为振兴经济所采取的一系列保守主义政策中，非常重要的一条就是促进并购，让“公司控制权市场”发挥作用。1982年公平贸易委员会反托拉斯部发布了新的并购指引，放松了对行业内部企业之间并购活动的管制。

这是一场改变了美国公司管理和运作模式的并购浪潮，在其从混合多元经营到聚焦主业的公司业务模式变化背后，则是公司治理模式和相关人力量对比关系的变化——机构投资者等各类积极股东走上舞台。不满意的股东们，已经不仅仅是消极地在事后“用脚投票”，让并购市场发挥作用，而是积极地在事前“用手投票”，通过参与公司治理发挥作用。公司变成了可以随时修正的一组契约关系而不再是一个大而不能倒的社会组织，社会经济运行的中心也不再是公司这种组织，而是资本市场这种机制。

四、规则之争可以促进公司治理进步

有公司控制权市场，人们可以按资本市场规则去公开争夺公司控制权，是公司治理进步的结果。与此同时，在这种按规则进行公司控制权之争的过程中，会产生诸多公司治理具体规则的理解和需要通过实际案例进行清晰界定的问题，而这也正是实际有效公司治理规则产生的历史过程。

2016年6月17日的万科公司第十七届董事会第十一次会议，张利平独立董事以潜在的关联与利益冲突为由回避投票。万科公司认为议案以10名投票董事中的7人赞成，比例超过三分之二，获得了董事会通过。但是公司股东华润认为，议案获得公司全体11名董事中的7人赞成，比例不足三分之二，没有获得董事会通过。这涉及了一个基础却复杂的关联关系董事回避时的董事会决策和会议计票规则问题。各方没有对此进行深入讨论，而是集中关注于张利平的独立董事身份上。“独立不关联、关联不独立”，甚至成为一时的流行语。还有万科独立董事以不拿报酬作为自己立场独立的一种论据。监管层人士没有出面就华万之争中涉及的公司治理基本规则问题给予关注和明晰，反倒对公司控制权市场发展本身“发飙”。这不仅是丢了西瓜捡芝麻，甚至就是走偏了。

总体看来，2016年热闹异常的中国公司控制权市场是进步了，大范围并大规模地按规则去争夺公司控制权了，但是没有进一步地通过这种控制权之争，清晰、明确和改进一些相关的公司治理具体规则。在这个意义上，2016年的万科控制权之争，还不如2000年时的山东胜利股份控制权之争。2000年3月爆发的胜利股份之争中涉及了征集股东投票代理权过程中委托书传真是否有效等具体规则问题。当时中国证监会及时介入，给予明晰，并于2000年5月18日发布了《上市公司股东大会规范意见》。当事企业胜利股份也由此成为中国第一家制定公司治理原则的上市公司，只比世界上第一个公布公司治理原则的通用汽车公司晚7年。

最好的传承不是传承控制权

吴国鼎

家族企业的传承问题是一个古老而现代的问题。对于当下中国的家族企业而言，改革开放以后逐步发展起来的家族企业的第一代创始人，逐步到了该交班的年龄，解决企业的传承问题成为其不能回避的重大问题。关于家族企业如何传承，当事人殚精竭虑，各方也纷纷出谋划策。有人从国内外家族企业的传承实例中寻找办法，有人则从股权设计、董事会运作、接班人选择和接班人培养等角度来研究传承方案。本文提出一个家族企业传承中的战略问题：家族企业传承，是传承资本还是传承控制权？

所谓传承资本，就是以传承企业的资本（财富）为目的，其立足于企业资本的保值增值，而不谋求对企业的控制权。所谓传承控制权，就是要求对企业的控制，包括对企业的控股权或者对经营的控制权。

在家族企业传承中要求对企业的控制权，本文认为，这不是家族企业的长青之道。也许在一代或两代家族接班人中传承还可以，但是要想长久传承，则很难实现。主要原因在于：一是难以选定合格的接班人。家族企业的创始人往往都是有特殊阅历或特殊才能的人，其创业成功一方面是依靠自己的才智和勤劳，另一方面也是因缘巧合、天时地利人和。这就决定了企业创

原文载《董事会》，2016年第11期。

始人的成功很难复制。也就是说，无论其选择谁做接班人，接班人往往很难有创始人那样的能力和机遇。况且中国现阶段的家族企业的接班人选择面往往很窄。要么可能的接班人是独生子女，没有别的选择，要么是子女对经营家族企业不感兴趣或者经营能力欠缺。这就很难保证接班人能继续把企业经营成功。二是即使选定了合格的接班人，也不能保证其一贯正确。一个企业的成功经营，不用说上百年，就是几十年，也是小概率事件，这其中接班人在任何一个时间节点上的决策错误，可能就会导致企业衰败或者破产。我们看到的哪怕仅是存活二三十年的家族企业，也是经历大浪淘沙才存活下来的。三是即使第二代选定了合适的接班人，不能保证接下来几代接班人的选择都正确。由此来看，一股独大，家族成员绝对控制企业，很难做成基业长青的家族企业。事实上，中外家族企业的实例也说明了这一点。麦肯锡的一项调查表明，全球范围内家族企业的平均寿命仅为24年，其中大约只有30%的家族企业能延续到第二代，而传至第三代的比例少于13%，只有5%能在三代以后还继续为股东创造价值。而在国内，这一比例可能会更低。

既然一股独大，靠家族成员直接控制企业来经营企业不可行，那么我们认为，股权分散化、家族成员由直接控制企业后改为控制资本，由其他利益相关者或者经理人来控制和经营企业，则是企业的长青之道。原因在于：第一，股权分散化是企业发展的必然结果。企业发展到一定阶段，单靠企业自身的积累，已很难满足企业经营的需要，这就需要对外股权融资，因此不可能避免就会导致股权分散化。企业规模越大，对外融资会越多，企业股权会越分散，一股独大的现象也就不存在。第二，企业股权分散化后，更多的合格股东进入企业，企业也就聚集了相关各方的人才以及资源，这自然就会对大股东的意志起到制约作用，使企业经营决策更加民主和科学，这对家族股东也是有益的。第三，就经营企业的能力来讲，职业经理人应该更具有经营能力。这也是社会分工的结果。从西方国家家族企业的发展历程来看，股权分散，所有权和经营权分离，也是企业发展的必然结果。1932年，Berl与Means就提出了所有权和经营权两权分离理论。现阶段，在上市公司层面，除了法国和新加坡，控股股东持股比例超过30%的企业已经不多。在美国企业中，像IBM、微软、GE这样的跨国公司，大股东的持股比例都不到10%。就我国的优秀企业来看，华为的任正非、腾讯的马化腾、阿里的马云、京东的刘强东，也都不是企业的大股东。在一定意义上讲，这几个人既是企业创始人，也是大股东委托的经理人，这样的公司恰恰都成为中国的一流企业。

既然家族企业最好的传承是传承资本而不是传承控制权，那么家族企业中的家族股东如何传承资本？

一是选择和企业有共同价值观或者能够丰富企业经营资源的企业或机构作为股东。选择这样的股东来融资并导致股权分散化和多元化，能使各个股东的目标是一致的，那就是把企业经营好。这样家族股东就可能较为放心地让非家族成员来经营企业。腾讯、阿里巴巴、京东等都是创始人在企业发展过程中引入了多家知名的战略投资者，才汇集了多方面的资源，从而把企业做得越来越大。另外，也可以选择企业的利益相关者，特别是对企业发展有重要价值的高管以及员工作为企业的股东，由于这部分人对企业有重要的影响，与企业有更为密切的利害关系，给予其股权，就能够使其对企业更加忠诚。

二是建立责权利分明的企业治理机制，明确企业股东会、董事会和管理层的权限。就我国的家族企业中家族股东管资本的原则来说，家族股东的权力应该更多体现在股东会而不是董事会或者管理层中，而且企业各个治理机构的职责权限要明晰。如股东会只负责企业经营的战略问题以及负责选择、撤换董事会成员，同时也履行最终监督职能，而把企业的经营决策权交给董事会或者管理层。美的集团在家族传承方面就做出了很好的示范。公司创始人何享健认为，“家族是股东，不是经营者，也不是企业家”，因而其让后代走资本路线，资本控股，而非直接参与企业经营。公司通过所有权、经营权和监督权的三权分立来实现规范治理。从国外家族企业的传承案例来看，传承成功的家族企业大多都实现了所有权和控制权的分离，家族股东的影响更多的是体现在股东会层面而不是经营层面。这些家族企业通过制度设置，一方面最大限度地保障了家族股权的集中，另一方面又清晰界定了家族和企业之间的关系和边界。这就使家族既没有“对企业失去控制”又不会“干扰企业正常经营”。当然，也可能很少有家族股东主动愿意限制自己的权力，但是只要有了合理的股权结构，那么各股东之间的博弈的结果，就会形成责权利分明的公司治理机制。

三是优化董事会结构，使董事会成员多元化。企业发展到一定程度，包括家族成员在内的企业内部管理人员的视野、知识面等可能都会不适应企业的发展，而且在面临诸多经营选择时还会出现决策错误风险。这就需要增加在董事会中的专业人员和独立董事的比例，以增加企业经营决策的科学性。如可以聘请优秀的管理、会计、金融专家以及企业产业链上下游行业的人才来参与到企业董事会中。另外，董事会也不应由清一色的代表股东利益的成员组成，也不一定必须按照股权比例来分配董事会名额，而应有其他利益相关者代表。其他利益相关者如企业内部员工、供应商、用户、债权人等，与企业同样有更为密切的利害关系。让这些利益相关者参与董事会，能够使企业的经营决策更加维护企业的整体利益。

四是设立对企业经理人的合理的激励机制。家族股东之所以担心聘用的经理人不努力工作，担心其会侵害家族股东利益，归根到底是激励机制没做好。如果能够把对经理人的激励和其经营业绩紧密联系在一起，其自然会从企业整体考虑来进行经营决策。这其中应既包括短期激励也包括长期激励。如果只有短期激励，可能会发生经理人为了企业短期业绩而损害企业长期业绩的决策。英国企业Wilkingson对CEO进行激励的做法就具有借鉴意义：企业聘任CEO的任期是10年，CEO薪酬支付方式主要是给其股权，当CEO离任的时候，家族再在市场价格基础上按照一定的溢价把股份买回来。这样就会使CEO的自身利益和企业利益紧密结合，促使其从企业以及家族的整体以及长远利益出发来进行经营决策。

五是保持家族股东对经理人的监督机制以及最终决定权。这也是保持家族股东在企业存在感的重要一环。这可分为两个层面。其一是在家族股东在股东会层面的监督以及否决权。如宝马是由匡特家族创建，整个匡特家族总计持股逾60%。公司日常经营由董事会聘用CEO主持，平时匡特家族并不干预，但一旦发生大事则“股权效应”立即激发。其二是利益相关者共同治理。由于信息的不对称性，处在公司外部的股东很难监控经理人的行为。而债权人作为企业的利益相关者有意愿也有能力监督经理人的行为；员工则在企业的内部，也能直接观察到经理人的行为，这些利益相关者参与企业治理，就能有效降低代理成本，减少经理人的自利行为。

不是说家族成员就不能参与经营。关键是要建立合理的股权结构以及企业治理机制，任人唯贤。这既有益于家族企业也有益于家族成员。也许中国现阶段的法律环境、信用环境、职业经理人市场、企业发展阶段等，导致家族成员仍倾向于控制企业，不愿意分散股权，这都可以理解。但是企业要认识到，这都是权宜之计。股权分散，传承资本，才是永葆基业长青的家族企业传承之道。

实际控制人的权控秘密

吴国鼎 鲁 桐

企业实际控制人对企业的发展起着决定性的作用，企业的发展状况最终都是企业实际控制人决策的结果。但是，正如世界上的企业千差万别，各有各的特点一样，不同企业的实际控制人对企业控制的形式以及方式也不一样，相应地也会产生不同的后果。因此，总结分析实际控制人对企业发展所起的作用是一个很重要的话题。

一、企业实际控制人对企业控制权的类型以及利弊分析

（一）企业实际控制人对企业控制权的类型

企业的实际控制人对于企业的控制权，一般来讲，有如下几种形式。

通过获得对企业的控股权来控制企业，是最基本的形式。大多数上市企业，实际控制人都拥有企业的控股权。实际控制人拥有对企业的控股权的形式，一般有三种。一种形式是单个自然人直接控股。这往往体现在企业创始人作为企业大股东的企业中，企业创始人主要依靠自己的眼光、能力、资金等把企业发展壮大起来，而且在企业发展中起着不可替代的作用，这类企业

原文载《董事会》，2016年第3期。

的实际控制人往往会拥有企业的绝对控股权。这种形式在我国的中小板和创业板上市企业中最常见。如乐视网的贾跃亭拥有企业44.21%的股份、碧水源的文剑平拥有企业25.44%的股份。另一种形式是多人联合直接控股。主要是两个或两个以上的人，通过某种纽带或者合约来共同对企业实现控股，这种纽带或者合约或者是家族关系，或者是创业伙伴关系等，这种关系在创业板和中小板上市企业中也很常见，如探路者的盛发强、王静夫妻合计持有公司42.96%股份，对公司实行共同控制；神州泰岳的董事长王宁和总经理李力合计持有公司27.5%的股份，两人为一致行动人，共同对公司实施控制。第三种形式是企业控制人通过金字塔结构对企业实施控制。所谓金字塔结构，就是实际控制人不直接对企业实施控股，而是通过一系列的控制权链条对企业进行控制，这些控制链条主要是通过控制多层级企业的形式来实现。从控制链条的形式上看，像是金字塔一样，处于金字塔顶端的企业通过控制链条对处于金字塔低端的企业实施控制。这类企业普遍存在于我国的上市企业中。如上海莱士血液制品股份有限公司的控制人郑跃文和黄凯通过金字塔结构对公司实施控股、浙江大东南包装股份有限公司的黄水寿和黄飞刚父子通过金字塔结构对企业实施控股等。

实际控制人除通过控股权对企业实施控制外，还有一种对企业的控制方式，即企业实际控制人不拥有企业的控股权，但却对企业拥有控制权。这类企业虽然在我国境内的上市企业中尚不存在，但是在我国一些境外上市的企业已经存在。如阿里巴巴、京东等。在这些企业，企业创始人或者说企业实际控制人，其在企业拥有的股权由于企业在融资过程中被多次稀释，以至于失去了对企业的控股权，但是由于企业实际控制人并不想失去对企业的控制权，于是就采取了有别于股权控制的控制形式，如阿里巴巴的合伙人制度，京东的双重投票权制度等。简单来讲，阿里巴巴的合伙人制度就是企业的控制权实际上和股权无关，企业的决策集中在企业选定的几个所谓合伙人手中。而京东的双重投票权指的是，企业把其股权分为几种类型，不同类型的股权对应着不同的投票权。其结果是，创始人等持有的股票具有比其他股票更高的投票权，这样就能实现企业创始人虽然不能通过股权来控制企业，但是可以通过投票权来控制企业的目的。从具体数据来看，京东在IPO后，公司控制人刘强东持有京东20.68%的股份，根据京东AB股投票权1∶20的设置，刘强东将拥有京东83.7%的投票权。这类企业通过设置不同的投票权来实施对企业的控制在美国上市公司中并不鲜见，如FACEBOOK、GOOGLE、福特汽车、华盛顿邮报、伯克希尔哈撒韦等。

除了以上两种获得对企业的控制权的方式外，还有一种方式，那就是企业的控制人既不拥有控股权，也不拥有控制权，但是却凭借创始人的影响地位实现对企业的控制，如万科的王石、华为的任正非等。王石拥有万科不到0.1%的股份、任正非拥有华为1.4%左右的股份，但是却始终掌握着企业的控制权。当然，这一方面和这些企业的股权分散、没有绝对控股的大股东有关，另一方面也说明了企业实际控制人获得对企业控制权的途径是多样的，企业特定的发展历程、个人在企业发展中的特定作用，都会决定了企业实际控制人虽然不拥有企业绝对控股权或者控制权，但是仍然能对企业实现控制。这类企业在国内外资本市场中也经常见到。

（二）不同控制权类型的利弊分析

实际控制人对企业控制权的获得，要么是企业发展到某一阶段的自然形成的结果，要么是经过预先设计、各方利益权衡的结果。所以我们不能简单说哪种方式就更好，因为只有适合自身特点的控制权设计才是对企业来说最优的控制权设置方式。如果抛开企业自身的特点，单纯评价各类控制权的设置，我们认为各种类型都有利弊。

股权集中的好处在于能够确保实际控制人对公司的控制权，控制人的意志能够得到迅速全面贯彻，而弊端在于可能会形成企业控制人独断专行；股权分散的好处在于其会避免大股东独断专行，但其弊端在于可能会导致实际控制人对公司控制权的丧失，也可能会导致企业实际控制人对企业经营层不能进行有效监督，形成内部人控制问题；股权和控制权不相适应，虽然能够使企业控制人在不拥有企业控股权的情况下仍旧能够对企业实施控制，但是却违背了一股一权的原则以及企业所有权决定一切的原则，也可能为以后的企业治理带来隐患；而金字塔型的控制结构，虽然能够使实际控制人更快更有效地扩大公司规模，但是可能会出现实际控制人“掏空”公司等问题。在金字塔结构公司中，由于实际控制人对公司的控制具有隐秘性和复杂性，这就为其进行可能损害上市公司以及其他股东利益的关联交易、内幕交易、掏空上市公司等不规范运作提供了许多便利。

我国现阶段上市公司实际控制人对公司的控制权相对来讲是比较集中的，因而谈论公司治理更多的是谈论如何制约实际控制人。但是我们也应该看到，我国上市公司中还是出现了很多股权已经充分分散的公司，对于这些公司，可能就会出现企业实际控制人对公司控制权的丧失的问题。2012年开始发生的雷士照明风波就是公司实际控制人由于股权下降而失去对公司控制权的明显例子。雷士照明作为吴长江创始发展的企业，其所占公司的股权在公司成立时所占的股权为45%，但是随着公司的发展，公司不断引进战略投资者，从而使股权不断被稀释，吴长江逐渐失去了第一大股东的地位。虽然到2012年5月15日时，吴长江的持股比例超过19%，略高于作为机构投资者的第二大股东软银赛富的18.48%，但吴长江依然是弱势第一大股东，实际上企业的控制权落在了机构投资者手中。这样吴长江就已经不能控制董事会，因而就发生了其随后被排除在董事会之外的情况。同样，近期沸沸扬扬的“宝能系”与万科管理层之间的股权大战，根源也就在于万科的股权太分散。

（三）我国上市公司实际控制人对企业控制权的现状

就我国上市公司中的实际控制人持股比例来看，2014年，我国上市公司实际控制人持股比例的均值为36.62%。从数值上看，我国上市公司的股权集中度是很高的，因此股权集中度高的优点和缺点在上市企业中都有可能出现。当然，我国上市公司股权集中度较高，也是和我国企业的发展阶段相适应的。一方面，我国的创业板和中小板上市企业的发展时间普遍较短，股权还来不及充分分散，另一方面，在企业发展的初始阶段，一定程度的股权集中也是有必要的。企业实际控制人拥有了对企业的绝对控制权，就能够利用已有的创业经验把握企业发展方向，从而使企业快速发展。

从我国上市企业中实际控制人的类型来看，2014年，实际控制人为单个自然人的企业占大多数，有880家。实际控制人为夫妻关系的企业有149家，实际控制人为兄弟关系的企业有27家，实际控制人为父子关系的企业有27家，实际控制人之间签订一致行动人协议成为一致行动人的企业有78家。企业控制人通过金字塔结构对企业实施控制的企业也占很大比例，有736家。

二、企业实际控制人控制企业的方式和风格

企业实际控制人获得了对企业的控制权，如何领导企业、如何在企业运行中发挥作用，又是一个值得探讨的问题。同样是经营成功的企业，企业实际控制人控制企业的方式和风格也是各不相同的。当然，经营失败的企业，在很大程度上也和企业实际控制人所犯的各种各样的错误有关。

就企业实际控制人的领导方式来看，概括来讲，基本上可以分为两种：一种是事无巨细式的、独裁式的领导风格，这种领导风格常见的就是娃哈哈的宗庆后、新希望的刘永好、乐视的贾跃亭等。另一种是抓大放小，平日主抓宏观战略决策，把具体经营事务交给经营层的放手式、无为的领导风格，如阿里巴巴的马云、联想的柳传志、探路者的盛发强等。我们同样不能简单评价这两类领导风格的利弊。因为判断哪种风格的好坏，必须要和企业的文化、和企业实际控制人的管理、经营理念相结合，而且即使是同一个控制人，其在不同的阶段的领导方式也会发生变化。普遍的情况是，在企业初创阶段，企业领导人往往身体力行，事无巨细，而在企业发展成熟、规模变大、走上正轨之后，企业领导人往往会有意从繁琐的企业日常事务中解脱出来，把这些日常经营的事务交给下属或者职业经理人来办，而自己则专注于企业的宏观发展方向以及企业内部各单位之间事务的协调等等。

但是我们也应该看到，这两类经营方式也是各有利弊。一方面，事无巨

细式或独裁式的领导风格，在企业初创时期可能是比较有效的，其能够充分发挥企业创始人的才能，能够保证其意志在企业得到迅速贯彻，有助于企业快速发展，但是问题的另一方面，就是企业领导人的精力可能有限，如果事无巨细，可能会影响到企业重大问题的决策，而一旦出现大的决策错误，就容易给企业的经营带来致命影响。而抓大放小的领导风格，容易造成控制人对于企业控制力下降，控制人的意志不能全面贯彻，甚至出现内部人控制问题。

企业控制人控制企业的方式和风格各异，比较有代表性的就是万达的王健林和万科的王石。王健林对万达有绝对的把控力，其事无巨细，极其勤奋，至今仍每年只给自己很少的休假时间。平日里只要不出差，他每天很早就到办公室，工作至晚上很晚才肯下班。与“工作狂”王健林不同，王石更像一个“甩手掌柜”。自1999年起，王石就很少过问万科的具体事务。他开滑翔机，登顶珠峰，攀岩，划皮划艇以及进行其他多种有挑战性的运动。2011年，60岁的王石甚至前往哈佛大学、剑桥大学进行游学读书。当然，虽然两人对于公司的领导风格不同，但是其所领导的公司在此期间都获得了巨大的成功。2015年，万达集团的总资产已经超过6000亿元，而万科的销售金额也超过了2500亿元。这也说明了不能单纯以领导风格来判断企业控制人对企业控制能力的高低，而是关键要看实际控制人是否做到了对企业的实际的控制和引领。

三、企业实际控制人应该在企业发展中所起的作用

可以说，企业的经营发展，应该都会体现企业控制人的意志。但是实际上，实际控制人也不可能对企业的任何事务都面面俱到，而且不同的企业控制人，其经营理念、看问题的角度乃至其人生阅历、性格都会不同，其在企业中主抓的问题就会不一样，在企业中的作用也不一样。如柳传志认为管理就是做好三件事：建班子，定战略，带队伍。王石认为其只需要在公司扮演三种角色就可以：确定公司发展方向、监督和培养新人。但是，总的来讲，

作为企业的实际控制人，有些事关企业发展的根本和重大的问题，是需要实际控制人来主抓和决策的。归纳起来，企业控制人应该在以下方面在企业中发挥作用。

一是确定企业的发展战略。战略问题是企业发展的根本问题，如果企业发展的战略出现问题，那么可能企业的经营会遭到灭顶之灾。尤其是在变化迅速的互联网、高科技行业，发展日新月异，新旧代谢加快，如果企业战略出现问题，对企业的影响是灾难性的。所以企业控制人最主要的功能就是要制定企业的发展战略。实际上，我们看到，经营得好的企业的实际控制人，无不是在企业制定战略方面起着主导作用而且做出了正确的决策。

二是寻找合适的人来经营企业。企业经营好，人才是关键。企业控制人有再好的战略，也需要有合适的人来实现。而且随着企业的发展，企业的业务领域也会越来越宽，企业的控制人也不可能在每个领域都是专家。这时候，企业控制人就需要寻找合适的人来从事具体的某一领域的经营。招聘什么人？给予什么权限？给予什么待遇？这些也都是只有企业实际控制人才能够决定的事情。而只要找到了合适的人，则企业的经营基本上就不会出问题。实际上我们看到，大多数做得好的企业的控制人都是在人才招揽方面下了很大功夫，都是找对了合适的人来实现其对于企业的发展战略。

三是推动企业的文化建设。企业文化是保证企业长期发展的基石，其是贯穿于企业日常运营方方面面的行动理念以及行为准则，几乎每个经营成功的企业都有自己鲜明的企业文化。企业控制人对企业的文化建设起决定性作用，企业的文化往往会深刻打上控制人的烙印。这就需要实际控制人身体力行，不断在企业中灌输和强化这种文化，而且在企业的经营中也要时刻体现这种文化。

四是协调企业内部各单位之间的关系。这个问题在企业初创时期还不太明显，但是到企业发展壮大，业务板块增加，企业子公司、分公司等大量增加的时候，就显得非常重要。由于企业的某些业务、某项决策需要企业内部多个部门的合力，而由于各个部门容易受到本部门业务范围、部门业绩等的局限和限制，如果实际控制人不进行协调，统一决策，就容易造成各部门之间配合不力、各顾各部门利益、不能形成合力以实现企业整体目标的状况。

五是处理企业外部关系。企业实际控制人是企业的名牌，对外代表企业。企业在经营中会遇到各种各样的外部问题，这都需要企业控制人进行协调，包括为企业做宣传，处理企业和外部单位的关系等。

总之，企业的实际控制人是企业的灵魂和核心，其在企业的发展中起着不可或缺的作用，他们的一言一行，一举一动，都会给企业打上了深深的烙印，影响着企业的发展。

乐视网的实际控制人色彩

鲁　桐党　印

企业无论大小，其成长历程和主要决策中都有实际控制人的影子。大企业比如苹果，从发展战略到产品设计，无不体现出乔布斯及库克的理念与追求。在企业的不同发展阶段，实际控制人的作用不尽相同。成熟企业的实际控制人只需要把握大方向，重要决策中体现团队意志。初创企业的实际控制人经常需要亲力亲为，重要决策中往往带有明显的个人色彩。实际控制人是企业的灵魂，多数情况下也是企业的主要股东，通过公司理念、文化、投票权或控制权等，确立企业的战略，指引企业的发展方向。

乐视网成立于2004年，2010年在创业板上市。截至2015年6月中旬，市值已经从上市之初的30亿增长为1200亿，成为创业板的重要龙头公司之一。但从发展阶段看，乐视网无疑仍处于发展初期，主营业务仍较单一，大部分业务尚处于招兵买马、跑马圈地、兼并重组、战略布局的快速成长阶段。

从各种角度看，乐视网的发展均值得关注。从做网站起家，到投资影视版权，从自主拍电影，到设立乐视体育，从乐视云计算到移动智能公司，从乐视盒子到可穿戴设备，从超级电视到超级手机，再到未来的超级汽车，从

原文载《新理财》，2015年第7期。正式发表时有删节。

股权激励到全球合伙人计划。乐视从软件到硬件，从业务到管理，从平台、内容，到终端、应用，亮点层出不穷，故事也一个比一个精彩。乐视目前在多个领域内处于领先位置，其业绩可圈可点，发展势头已远超传统的互联网公司，发展模式可与百度、阿里、腾讯等一流的互联网公司媲美。同时，乐视网是唯一一家在境内上市的视频网站，也是全球第一家IPO的视频网站，并多次创下创业板公司市值最高纪录，是创业板的明星股和龙头股。至少从目前来看，乐视网是中国市场培育出来的一家较成功的企业。乐视成功的基因有哪些？对中国的创业型企业有哪些启示？

乐视的成功，可以说是天时、地利、人和的共同作用。互联网行业进入繁荣发展的新阶段，中国对新兴产业的政策支持与推动是重要的天时、地利因素。但最重要的是，乐视网创始人兼实际控制人以其理念、智慧与决断力，组建业务团队，凝聚人和力量，准确把握行业趋势，建立了独具特色的乐视生态系统。

一、具有实际控制人色彩的乐视生态

乐视网创始人、控股股东兼实际控制人贾跃亭曾这样设想乐视生态："一位用户回到家中，躺在沙发上，喝着红酒，看着超级电视里正在播出的乐视影业出品的电影——《小时代》。"这一设想在乐视创立初期已存在。乐视的发展历程，正是逐步实现这一设想的过程。

乐视网成立于2004年，靠互联网视频起家，开始几年的日子并不好过。视频网站首先得有内容，高额的版权费用意味着大额的资金投入，其他一些网站因为资金瓶颈绕道而行，侧重于提供平台而非提供内容。但乐视网从开始就注重内容，花巨资购买版权，用股权换投资是最初几年解决资金瓶颈的主要方式。运营视频网站需要各种牌照，网站营收需要与网络运营商、广告公司合作，这其中均有创始人贾跃亭的智慧与努力。

2008年乐视网第一次公开融资，获得深创投等三家机构投的5200万元投资，乐视实现了第一次蜕变。2009年乐视网开始互联网电视领域的研发，成立乐视TV事业部。依靠收费网络视频和广告收入的模式，2010年乐视网在中国创业板上市，再次融资，实现了第二次蜕变。此后，乐视网进入快速发展通道，2011年推出第一代互联网机顶盒，2012年将乐视TV事业部独立成子公司，2013年正式推出乐视TV·超级电视。2014年超级电视全系产品线全部推出，并提前完成150万台年度销量目标。

在推进超级电视的同时，乐视网同时成立了乐视云计算、乐视体育、乐视影业、乐视农业等，设立乐视电商平台，收购花儿影视，完成了从硬件到软件、从上游内容到下游终端的全面布局，并且新设业务在各自领域内均取得了傲人成绩。乐视网从一家互联网视频平台转型成为“平台+内容+终端+应用”的综合性互联网公司，用互联网思维完成了对传统行业的垂直整合。在每个细分领域，乐视网均面临很多竞争者，但经过资源整合，每个细分领域的公司似乎均没有乐视网强大的上下游覆盖能力。乐视网实际控制人贾跃亭称此为乐视生态的协同效应和聚变效应。提出并打造乐视生态，标志着乐视网完成了发展历程中的第三次蜕变。

互联网企业都爱讲故事，也都会讲故事。就在市场认为乐视故事的续集是完善超级电视，增加独播内容，加大自制影视剧的投资时，乐视给市场讲了两个更富有想象力的故事。一是推出乐视手机，以全新的运营模式、定价模式和商业模式全面颠覆手机行业，就像超级电视颠覆传统电视行业一样。另一个故事是将推出乐视汽车，通过电动化、智能化、互联网化颠覆现有的汽车产品，通过一整套新的研发模式、营销模式、商业模式、运营模式，全面颠覆传统汽车行业，使中国汽车弯道超越美日韩传统巨头，有效解决城市雾霾及交通拥堵。乐视的这两个故事让市场为之一震，刚开始不知所云，然后不明觉厉，缓过神后充满期待。从乐视网的垂直产业链及乐视生态看，手机和汽车将像电视一样，只是互联网的终端，承载的是互联网数据的交互功能。再结合目前手机和汽车行业的发展现状，这两个故事虽在意料之外，但却在情理之中。

乐视为了让故事更加精彩，进一步提出了全球化战略，并于2014年完成了海外的初步布局。这不禁让人联想到创始人兼实际控制人贾跃亭早年的创业经历。贾跃亭1995年大学毕业后在山西垣曲县地方税务局做网络技术管理员，两年后辞职下海，创办山西垣曲县卓越实业公司，做胶印厂和钢材买卖等生意，同时还开砖厂，做运输，创办卓越双语学校，并试办过一所电脑培训学校。他甚至还开了一家快餐店，取名麦肯基。1998年前后，一个偶然的机会接触到通信业务，贾跃亭抛下垣曲的业务，到太原闯荡，于2002年创建山西西贝尔通信科技有限公司。2003年贾跃亭到北京，成立北京西伯尔通信科技有限公司。再然后2004年，脱胎于北京西伯尔流媒体部的乐视网正式成立，再往后就是乐视成立以来的故事了。北京西伯尔于2007年在新加坡上市，如今贾跃亭仍是山西西贝尔、北京西伯尔等公司的控股股东。乐视网2014年年报显示，贾跃亭共控股15家公司，涵盖通信、文化、金融、汽车、移动智能、房屋租赁等多个领域。

我们注意到，多元化经营是贾跃亭的一贯风格，并且往往在经营老业务的同时就布局新业务，在新业务还没有成熟时又开始了另一项新业务，这一风格持续到乐视网成立之后，如今乐视网的多元化发展模式具有明显的贾跃亭色彩，乐视网多业务齐头并进、新业务不断涌现的情形与贾跃亭早年的创业经历非常相似。不同的是，早年创业中各业务是零散的，没有体现出协同性，如今乐视的多元化业务则体现出生态性和战略性。当年在垣曲县的多元化是复制外面较成熟的技术和商业模式，如今乐视的全球化则是把自身探索出的技术和商业模式复制到海外。贾跃亭从县城到省城，再到北京，一直是个不断追求梦想的理想主义者,令人振奋的是他已经或正在将这些理想变成现实。乐视网若能披荆斩棘,按照其一步步规划在全球市场站稳脚跟，无疑将由一家中国企业蜕变为世界级企业，贾跃亭将真正成为他所推崇的乔布斯式的人物。

二、实际控制人的关键作用

乐视网虽然发展迅速，但无论从时间、规模看，还是从业务成熟程度看，目前仍是一家处于快速发展中的创业型企业，其面临的风险和困难也不可小视。与乐视生态的总体规划相比，目前乐视仍处于发展的初级阶段。大多数初创企业理念、文化都有创始人的痕迹，乐视网也不例外。乐视网创始人贾跃亭目前是控股股东、董事会主席兼总经理，从发展理念、组织架构、公司运营、人员激励等方面，引领乐视网衔枚疾进。

乐视网既有大理念，也有细分业务的小理念。最大的理念是乐视生态，表明乐视既要打造生态型业务链和生态系统，也要打造生态型组织。“用户、前瞻、快速、协同、极致”是指导其各业务发展的企业文化和价值观，而“千万人不满，千万人参与，千万人研发，千万人使用，千万人传播”的理念则更具体，主要立足于产品，体现了互联网时代的开放共享和参与创造的精神。毫无疑问，这些理念诞生于高管团队的反复讨论，但贾跃亭作为公司前进的发动机，作用不容忽视。乐视网坚持每周末召开一次30～60人规模的高管团队例会，贾跃亭亲自主持，协调跨部门工作，设立解决问题的时间表，即是对“快速、协同”理念的最佳诠释。

互联网行业日新月异，稍有落后便跟不上行业步伐，因此决策效率和执行力非常重要，对组织架构提出了较高要求。乐视网通过打造小而美的董事会，提高决策效率和执行力。中国《公司法》规定，“股份有限公司设董事会，其成员为五人至十九人”。目前乐视网董事会只有5人，其中3名执行董事，2名独立董事。3名执行董事中，贾跃亭曾是做技术起家，执行董事刘弘曾有财务工作的经历，执行董事邓伟曾从事律师工作。乐视网按最低标准确定董事人数，3名执行董事在专业上充分互补，对比沪深市场大多数上市公司，乐视网董事会可谓小而精。

无独有偶，互联网公司几家巨头的董事会规模都很小，比如百度董事会仅6人，腾讯董事会仅7人，即使市值最大的阿里，董事会也仅9人。并且互联网公司董事会中执行董事的人数都较少，比如腾讯7人董事会仅2名执行董事，阿里9人董事会中执行董事仅4人。乐视网董事会与百度、腾讯、阿里相似，无论是巧合，还是有意为之，均说明在目前互联网行业快速发展的情况下，董事会成员远离一线业务，对业务前景的判断可能不如具体执行人员，因此决策权下移至各个业务团队。董事会只把握基本的战略，这仅需少数几个执行董事即可，人数太多，可能会降低决策效率，错失良机。未来乐视网是否要像阿里“合伙人制度”那样，由一个团队讨论战略，取决于乐视网的发展速度，也取决于贾跃亭的时间、精力和智慧。

乐视网是创业板的龙头股，备受投资者关注，但过去几年股价波动较大，经常受到投资者质疑。面临质疑，实际控制人不减持股份，反而阶段性增持股份，对稳定股价、促进公司平稳发展起到了重要作用。贾跃亭曾于2012年底直接增持乐视网，当时乐视网股价从半年前的27.3元新高跌到13.91元，贾跃亭与其他四名高管分别增持乐视股份，向市场传递积极信号。2014年8月，乐视网非公开发行募集资金45亿元，贾跃亭通过其实际控制的乐视控股出资10亿元增持乐视网。乐视控股是一家集团公司，通过股份形式整合乐视的所有上市业务和非上市业务。在乐视网收购花儿影视时，贾跃亭亦通过乐视控股增持乐视网。除了贾跃亭增持股份，乐视网12名高管亦于2014年12月增持。这些行为表明乐视实际控制人及高管对乐视的未来充满信心，有利于打消外界的各种不良质疑。当然，2015年牛市行情中，贾跃亭减持股份套现100亿，然后借给上市公司，市场争议很大。到底是套现还是输血，短期内很难分辨彼此。可以确定的是，市场反对其减持股份。

同时，高管增持股份也是一种激励手段，使高管的个人目标与公司目标一致，高管可以从公司发展中分享收益。乐视网除了持股激励外，已推出了两期股权激励计划，是创业板为数不多的推出多期股权激励计划的公司之一。同时，乐视网将推行全员持股计划，并计划员工持股将是同岗位同行业比例最高的。如果员工持股计划落地，加上高管的股票激励和期权激励，乐视生态将获得强大的人力资本支持，公司治理中常见的逆向选择和道德风险问题将得到最大程度的解决。

三、乐视生态的潜在风险与启示

乐视生态也具有一定的潜在风险。

第一，目前乐视各业务得以顺利推进，在很大程度上归功于实际控制人。实际控制人的决策必须永远正确，一旦出错，公司将付出沉重代价，利益相关者也将受到严重影响。2014年贾跃亭在海外期间，由于种种原因，没有直接回应各种质疑和猜测，公司股价及正常运营均受到一定影响，未来乐视网应防止类似情况再次出现。随着企业发展壮大，如果实际控制人长期处于超负荷工作状态，对个人及公司均不是利好。实际控制人不可能永远大包大揽，必然要考虑如何分权、如何传承的问题，但是目前我们还没有看到乐视网有长远的传承计划。同处互联网行业的阿里，通过“合伙人制度”在一定程度上解决了企业传承问题，值得借鉴。

第二，乐视生态涵盖的范围太大，边界尚不清楚。乐视所称的垂直整合生态链，事实上有多元化的色彩。按照贾跃亭对乐视生态的设想，我们不禁要问，乐视未来是否要开展沙发业务，进军家居市场呢？或许，和任何新兴行业一样，互联网行业经历了前些年的细分市场繁荣，目前正进入整合阶段。未来整合完成后，行业内将出现几大巨头，然后发展一段时间后，再出现撤销子业务、公司分拆的现象，正所谓分久必合，合久必分。但是，作为一家有理想的公司，应时刻保持清醒，哪些业务是可以尝试的，哪些业务是不能进入的，不能让过长的生态链条拖垮现有部门。

第三，乐视一直宣传的垂直整合生态链其实并不新鲜，诸如百度、腾讯、阿里、小米等新兴企业，甚至农业、制造业、银行业等传统行业的企业，亦不是依靠单一业务生存，也均有上下游业务的覆盖与合作。其实，任何企业都有核心业务和外围业务，任何企业的管理也都是网络型管理，生态型组织是任何组织长期发展的必要条件。我们认为，乐视目前的成功，应归功于互联网时代的参与精神，从产品设计到产品应用的各个环节，让用户全程参与、大范围参与。乐视目前也正是将超级电视的成功模式复制到超级手机、超级汽车上，这才是其竞争力所在。过度强调乐视生态，有避实就虚放大概念之嫌。

纵观乐视的“平台+内容+终端+应用”生态系统，目前平台已基本搭建完成，内容将逐步充实和丰富，终端亦将不断推陈出新，唯有应用方面亮点相对较少，市场定位相对不清晰。乐视生态系统是一个开放的闭环，一处有短板，将影响总体的协同作用和聚变效应。乐视网如何兼顾生态系统的各个方面，实现业绩的稳步增长，并顺利迈向全球化，有待实际控制人和管理团队的大智慧。

至少从目前来看，乐视的发展可圈可点，其发展过程中实际控制人的作用值得广大创业企业借鉴参考。

第一，有实际控制人比没有好，实际控制人数量越少越好。实际控制人是创业企业的灵魂，是企业文化的缔造者，企业发展的开拓者。拥有实际控制人的企业，通常决策效率更高，执行力更强。当只有一个实际控制人的时候，最终权责是明确的，实际控制人可以带领创业团队及时应变，解除前进道路中的各种羁绊。没有实际控制人或实际控制人不止一个，往往会出现权责不清，互相推诿，决策许久但得不到执行的情况。对于初创企业，成也实际控制人，败也实际控制人。实际控制人增持或减持股份，将影响其他股东对公司的信心。如果实际控制人控股公司过多，对上市公司是一把双刃剑，既可能实现范围经济，也可能因业务过多，实际控制人精力有限，无法专注于上市公司。

第二，实际控制人需适时考虑企业的传承问题。在企业发展初期，实际控制人的作用非常关键，并且不可替代。当企业走上正常发展轨道时，实际控制人需在企业日常运营上减少个人色彩，转向制定战略规划。为使企业长期可持续发展，实际控制人需考虑，如果其离开企业一段时间，企业是否能正常运转。实际控制人亦需考虑，当其退出历史舞台后，企业如何实现基业常青，这就涉及企业传承的问题，包括理念的传承、文化的传承和接班人的遴选，等等。

万科式合伙≠内部人控制

吴国鼎

一、问题的提出

内部人控制问题是公司治理领域的一个重要问题。万科事业合伙人制度为我们进一步研究这个问题提供了一个典型案例。事件的起因是由宝能提议召开临时股东大会罢免万科董事会引起的。宝能在议案中说，万科2014年推出的事业合伙人制度，导致万科已实质成为内部人控制企业。而万科董事会对这一指责进行了反驳。接下来也有一些人站在各自的角度对这一问题发表了看法，但是众说纷纭。到底万科实行的事业合伙人制度是不是内部人控制？我们对这一问题进行进一步分析。

二、什么是内部人控制

什么是内部人控制？内部人控制是一个公司治理领域的概念。该概念的产生是基于现代公司中公司所有权和经营权的分离而产生的。在所有权和经营权分离的情况下，公司主要由作为非大股东的管理层来经营。而由于管理层不是股东（或者仅仅持有很少的股份比例，是小股东），则其和股东的目

原文载《董事会》，2016年第9期。

的是不一致的。公司股东追求的是企业价值最大化（股东价值最大化），而公司管理层追求的是自身利益最大化，诸如薪酬最大化、权力最大化、福利最大化等。基于此，在股东对管理层激励或者监督不完善的情况下，管理层就会控制企业而且做出有损企业利益的行为，这就产生了内部人控制问题。从内部人控制的概念可以看出，判断内部人控制的标准有两个：一是企业的经营是否由管理层来控制，二是企业管理层是否在主观上有为了私利而损害企业利益的行为。

三、合伙人制度解析

万科的事业合伙人制度属于合伙人制度的一种。此合伙人制和法律上的合伙人制是不同的，其是在公司体制下的合伙制，并未改变公司的法律性质。其更多的是一种企业管理形式而不是企业组织形式。在实践中，不同企业采取的合伙人制的具体做法和目的也各不相同。

国内企业中，已有不少企业都准备或者已经实行了合伙人制。华为、海尔、小米、阿里巴巴和碧桂园等都宣称实行了合伙人制。广义来讲，国内已经有上百家上市公司实行的员工激励计划也应该算作实行合伙人制的范畴。

合伙人制最早是从西方国家开始实行的。高盛和麦肯锡都是典型的实行合伙人制度的企业。一些在西方资本市场上市的企业实行合伙人制的初衷，是管理层希望对公司实际拥有更多的控制权。一些企业的创始人的股权在经过稀释后，创始人往往失去了对公司的控股权。在这种情况下，创始人会设置一些特殊的股权结构。如类似于Google、Facebook、百度和京东那种双层股权结构，将股票分为A、B两个系列，不同种类股票拥有不同的投票权。这样企业创始人就能够以较少的股权拥有较大的投票权，从而拥有对企业的控制权。

万科的事业合伙人制度，始于2014年3月，最初是针对内部员工，即公司员工可通过持有股票以及跟投项目变身为合伙人。一年后，万科又设想将产业链的上下游、资金方、土地方，以及总包、设计、营销甚至离职员工等都变成合伙人，旨在将万科打造成为整合地产产业链的平台型公司。万科认为，与股东共同承担投资风险，是事业合伙人与职业经理人最大的区别所在。企业之所以推出事业合伙人制度，是希望管理团队与股东有更紧密的联系，希望通过这个机制将管理团队利益关注点跟股东关注点捆绑在一起。

四、万科的事业制合伙人制度是否是内部人控制

如何评价万科的事业合伙人制度？其和内部人控制有什么关系？我们认为，评价这一问题必须要在一定的背景下进行。如果单纯评价合伙人制度，我们认为这是公司治理或者企业管理制度的一种创新。对于任何企业，只要企业所有者愿意实行这种制度，都无可厚非。但是如果放在不同股权结构、不同主导人背景下来评价这一制度，则在一定的条件下，实行合伙人制度容易导致内部人控制。接下来基于上述对合伙人制度以及内部人控制概念的解析，我们分析万科的事业合伙人制度是否属于内部人控制。

首先，万科的事业合伙人制度是满足内部人控制的必要条件的。

第一，万科的管理层持股比例很小，不是企业的大股东，外界人更多把其界定为职业经理人。

第二，万科是一个股权分散的公司，在万科股权争夺事件前最大股东华润集团持有的股份比例还不到20%。而且华润基本上是作为财务投资者出现的，其几乎不干涉企业的经营。此外，万科管理层还有其特殊之处，由于主要管理人王石是企业的创始人，包括王石在内的企业管理层更多地把自己看作企业的主人，这就使万科的管理层有更大程度的独立性。

正是在第一和第二这两种情况下，万科管理层在公司事务中具有很大的决定权，股东所起的作用很小。正如万科管理层所承认的，长期以来，他们从来没有把股东放在眼里，同大股东几乎没有任何联系，除了让他们承担责任，让他们签字。这就导致万科的合伙人制度具有了内部人控制的条件。

第三，万科的事业合伙人制度不是在公司大股东主导下进行，而是在

管理层的主导下进行的。这是万科合伙人制和其他企业合伙人制的最重要的区别。我们看到，其他企业的合伙人基本上是由大股东主导的。大股东主导就说明企业实行的合伙人制和大股东的利益是一致的。如碧桂园的合伙人制以及众多上市企业的员工持股计划都是由企业大股东主导的，而小米和阿里巴巴的合伙人制则是企业创始人凭借优势地位制定的，而且也是经过企业其他股东认可的。实际上，同样是实行合伙人制，由于合伙制主导人身份的不同，实行的顺利程度以及引起的反响就不同。前述以大股东或者创始人股东推行的合伙人，就没有引起多大争议，而万科的合伙人制则导致了内部人控制嫌疑。

其次，万科的事业合伙人制度不满足内部人控制的充分条件。

如前所述，判断是否为内部人控制要看企业管理层是否在主观上有为了私利而损害企业利益的行为。对照这一标准我们来分析万科的事业合伙人制度。我们认为，王石等人作为万科的创始人，虽然其持有公司很少的股份，但是其更多的是把企业看作自己的企业，不可能会有损害企业利益的动机。而且其采取该制度，也是基于万科股权分散的事实以及曾经的“君万之争”的经历，为了掌握自己的命运而采取的自保措施。按照万科管理层的说法，该制度是把万科管理层的利益和企业经营绩效以及股价捆绑在一起，可以促使公司的管理层更加努力提高企业绩效和企业股价，这也是和股东的利益一致的。虽然有些人指出，万科的事业合伙人制度本质上是管理层MBO，是管理层试图控制企业之举。但是我们认为，管理层有这种想法是可以理解的，万科管理层的身份决定了其在面对潜在的威胁时，必然积极采取自救措施，不甘心别人摆布自己的命运。而且从实施效果上看，该制度促进了企业的发展。万科管理层认为，2015年是万科史上最好的一年，根本原因是实行了事业合伙人制度，同时该制度是公司未来制胜最大的法宝。

第三，万科的事业制合伙人制度在实行过程中存在内部人控制嫌疑。

虽然我们基本上能够排除万科管理层从主观上损害公司以及其他股东权益的嫌疑，但是我们也发现，该制度在实行过程中有很多瑕疵，若这些问题不给予纠正，就有可能导致内部人控制。

首先，有损害公司其他股东利益之嫌。有人认为，万科故意压低股价，加大对于管理层的经济利润分红，从而能够通过资管计划购买更多的企业股票。也有人认为，该制度中的资管计划购买股票的行为也有内幕交易之嫌。如果事实是这样，那这就损害了其他股东的利益，从而导致了内部人控制。

其次，没有履行必要的程序。万科管理层认为，万科的合伙人制度都是经过董事会批准，是合理合规的做法。但是我们认为仅有董事会批准是不够的。既然万科把该制度看作是企业的核心制度之一，就应该要在大股东的主导下进行，或者也要经过股东大会批准或者向股东大会报告才行。但是该制度从制定到实施都没有经过这些程序，因此在程序上存在问题。这不可避免给人以内部人控制之嫌。

再次，信息披露不充分。就已公开的资料看，万科对事业合伙人制度缺乏详细披露。虽然万科管理层认为这都是合伙人自愿的行为，与其他股东无关，不应受到质询。但是我们认为，由于这些问题涉及其他股东的利益以及对企业的控制权问题，因此有必要进行详细披露。由于这些问题没有披露，我们无从判断事件的曲直。但是既然没有披露，外人就有理由怀疑该制度具有内部人控制的嫌疑。

五、总的评价

在没有更多的信息被披露出来之前，依据现在的公开信息，我们认为，万科实行的事业合伙人制度总体来看管理层出于维护企业利益而推出的，而且也是有利于企业整体发展的，因此不能认为其是内部人控制。当然，该制度也有内部人控制之嫌，如不是在大股东主导下进行、可能存在内幕交易、信息披露不充分等。

宝能所指责的万科内部人控制更应被理解为内部人治理。对于股权分散型企业来说，内部人治理不可避免，尤其是对于万科这一特殊的公司来讲。正如有媒体报道的王石所说：如果万科是内部人控制，那么过去30年万科都是内部人控制，内部人控制了30年，把一个小微企业控制成全世界最大的房地产公司，万科历来都是公司治理的典范，怎么会一下子变成内部人控制了呢?

因此，从公司治理的概念来讲，万科的事业制合伙人制度还算不上内部人控制。

从万科到金山和新浪：中国公司的职业管理之路

仲继银

从文化传统上来说，中国从政府官员到企业管理者，都不乏“庸者下、能者上”机制。在政府官员选拔上，还发展出来了一套长期领先世界的科举制度。相比之下，在企业管理者方面，虽然一直有着东家基于信任而选拔掌柜的优良传统，但是没有进一步发展出一套有效的职业经理人制度。

一、王石与万科之路

王石1984年创建万科前身（科仪中心），1988年完成股份制改造，组建万科企业股份有限公司，把原上级主管公司、理论上持股100%的深圳特区发展公司变成了万科公司持股30%的第一大股东。随后，经过仅仅12年的时间，到2000年8月，王石给万科找了新婆家华润时，作为万科第一大股东的深特发持股比例已经下降到了8.11%。深特发所持8.11%股份转让给华润后，华润集团及其关联公司总计持有万科15.08%的股份，事实上已经成为万科的“单一优势股东”。

阳光之下没有新鲜事，历史在不断地重复自己。1994年的“君万之争”使王石没有将万科的股权分散之路走到底。21年后的2015年，远比君安更为

原文载《商业观察》，2016年第3期。

凶猛的宝能又出现在了王石和万科的面前，宣告王石在吸取“君万之争”教训后，回头重构单一优势股东模式的策略失效了。

没有股份制改革和股权分散，王石可能就成就不了他的万科事业。但是在遭遇了一次股东委托代理权争夺之后，王石就开始惧怕股权分散，选择了走股权集中、背靠所谓策略性大股东的回头路。这在当年的那种市场状况下，也许是一种合理的选择。可是在随后的15年中，王石似乎很安于他的这种平衡木上的状态。现在很明显，无论王石技艺如何高超，走在平衡木上总是一件危险的事情。

中国人的思维总是偏好集中，以为集中起来才安全。比如，所谓涉及国计民生的行业要保持国有，可是集中起来的国有，不还是要由官僚体系选择出来的一些个人来具体掌管吗？一旦这个人不可靠，其危害力是巨大的。其实，集中是更危险的，越是分散的才越安全。当年，凡德比尔特家族控制美国铁路，美国政府出于国家安全考虑，强令其将所持铁路公司股票转售给公众。高度分散的公众持有才是最安全的。精英意识作怪之下的官员，会口口声声老百姓，但实际最看不起百姓；精英意识作怪之下的公司管理者，会口口声声中小股东，但实际最看不起中小股东。

在公司股权结构选择上，惧怕分散，实际就是一种精英意识在作怪。不得不说，王石所表现出来的就是一种精英意识，他看不起宝能，认为是“突然冒起来的人物，大家根本不知道是谁，名不见经传的突然就爆发起来，迅速地成长”（引自网上披露出来的王石在万科北京办公室的谈话）。市场的力量就是来自“无名之辈”，比尔·盖茨最害怕的挑战是“有人在车库里进行全新的发明”。

万科没有继续推进股权分散，有审批制的中国资本市场上一直存在着严格的公司再融资限制这方面的原因，但也有当事人的认识问题。中国创业板上市公司的股权分散速度就远远快于主板上市公司。创业板上市公司主要来自市场，他们相信并且也只能通过市场的力量来发展和壮大。

如果万科当年不是走了股权集中的回头路，而是继续推进股权分散，现在会怎样？万科会早就被人收购了，王石也早就被人赶走了吗？中国第一代企业家的典型特征是，利用政府关系和国有资源起步，在市场中把企业做大。赶走他们的力量主要来自政府和国有股东，如褚时健和倪润峰等。市场力量都把他们当宝。

退一步讲，股权分散市场中的公司，只要不是业绩实在太差，像万科这样优秀的公司，完全有机会通过修改公司章程，引入一些市场化的合同治理机制，来抵御敌意并购，保护公司管理层的职位稳定和利益。万科靠上了华润之后，就没有在这方面进行相应的制度设计。可以采用的办法很多，如，按投票权不同进行的分类股份，按任期不同进行的分类董事，公司股东权益保障计划，经理人控制权变更条款以及单一股东及代理他人行使的最高投票权比例限制条款等等。

二、金山方式：合作多赢

金山公司渊源于香港金山公司，由张旋龙的父亲张铠卿创建，“金山”是由“铠”字分拆而来。1986年12月底的一天，张旋龙在四通公司发现了求伯君的电脑软件才能，由此埋下了二人日后合作的种子。求伯君曾向四通提出开发一个能在电脑上使用的中文文字处理软件，但是四通公司当时以其电子打字机占有了80%的中文文字处理市场份额，怕这一市场地位受到影响，而拒绝了求伯君的提议。

1988年5月，求伯君离开四通，住进张旋龙租下的深圳罗湖区菜屋围酒店501房间，为香港金山公司开发中文文字处理系统。1989年9月WPS1.0悄然面世。学电脑就是学WPS，那是一个金山的辉煌时代。1993年张旋龙与求伯君平分股权注册成立珠海金山电脑公司，求伯君完成了从技术天才到成功创业者的华丽转身。

在1991年11月的一个计算机展览会上，雷军认识了其久仰的因WPS而“功成名就”的求伯君。12月求伯君请雷军吃饭，邀请他加盟金山公司。1992年1月，雷军成为珠海金山的第六名员工。雷军在金山公司的16年打拼，盖起了“金山的大厦”，也为自己积累了从程序员到管理者、从打工者到老板的一个完整的职业经历和数以亿计的个人财富。

求伯君作为程序员取得成就的榜样力量和金山公司作为程序员创业平台的声望与内在机制，使金山公司吸引了大批有创业梦想的程序员加盟。如同WPS是张旋龙引入求伯君开发出来的一样，金山公司的很多产品，如中关村启示录、剑侠情缘、金山影霸及已经出售给亚马逊的卓越网等等都是通过引进创业型人才开发出来的。

引进人才重要，留住人才和激励人才创造价值也许更为重要。1993年成立珠海金山时，张旋龙拿出50%股权给求伯君。求伯君对待后来者，以及整个金山公司股东对待公司高管和技术人员都是延续着同样的“舍得”哲学。2007年10月9日，金山公司首次公开发行后在香港联交所上市。据估算，拥有股权和期权的金山公司员工中，成为“百万富翁”的超过百人，金山造就了中国“最大的程序员富豪群”。

求伯君在金山成功上市后的答谢晚宴上说，“金山这个大厦，张旋龙是买地的，雷军才是真正盖楼的，我不过是个挖地基的”。雷军在为《梦想金山》一书所写序言“金山为什么”中写道：“金山是张旋龙创办的，求伯君是最大股东，他们愿意把公司交给我管，这是多么不容易的事情。”

从1988年求伯君在张旋龙的支持下编写WPS软件算起，到2007年香港联交所上市，金山公司经过19年的时间，从一个张旋龙及其家族100%持有的小型家族企业，演变为求伯君、雷军、张旋龙、金山员工、机构及公众共同持有的上市公司。在这一过程中，投资人、创业者、经理人及员工之间形成了一种“有序合作、多方共赢”的局面。

三、新浪的职业管理

可以说，从一开始，新浪公司的创始人就有意按照现代公司治理规范，把新浪公司纳入职业经理人的管理之下。尽管这种“有意”在多大程度是一种能够坚持到底的决心，可能当事人自己都很难搞得十分清楚。

1998年底，出身北大和中关村的王志东与出身台湾和美国硅谷的姜丰年合力创建新浪后，两位一心做大新浪的合伙人，首先于2009年1月从投资方之一的华登国际聘来了茅道临，担任新浪的首席运营官。2009年3月，又聘来曾在Oracle和Netscape任高级职位的沙正治出任新浪首任首席执行官（开始是与姜丰年联席，后在王志东支持下独揽权力成为首任CEO）。但是仅仅半年时间之后，因为意见不合、做事方式不同而退出。沙正治聘来的一班硅谷经理人一并退出。

1999年9月新浪首任职业经理人—首席执行官沙正治的离职，没有像两年后2001年6月创始人—首席执行官王志东的离职那样满城风雨。一方面是沙正治的职业经理人精神，和则合，不和则散；另一方面则是在当时中国的商业环境下，外部聘请来的经理人磨合不好而离去太正常了，甚至直到今天，外聘经理人与公司磨合很好而成功管理公司，在中国还是很少见的“新鲜事物”。

沙正治去职之后，王志东出任新浪公司第二任首席执行官，被沙正治晾到一边的王志东原班人马重新上任。但是，王志东的新浪公司首席执行官职位也是“好景不长”，从1999年9月到2001年6月，不到两年的时间，王志东就被新浪公司董事会解除了首席执行官的职务。王志东不服，双方矛盾公开，一度对峙僵持。这一事件当时影响非常大，可以说是引起了社会轰动。媒体舆论普遍支持王志东，疾呼“这是创业意志与资本意志的对话”。

抛开新浪公司董事会“解聘”王志东首席执行官职务这一决策在新浪公司战略和业务发展上是否正确不说，就董事会解聘首席执行官职务这一行为本身来说，在公司治理规则上没有任何可以指责的。这一事件的轰动，反映出在当时的中国商业环境下，还很少有这种现象发生，人们对现代公司治理的一个基本规则——董事会具有选任和解聘首席执行官的法定权力，还不是太理解。

2001年6月，茅道临作为新浪公司的首席运营官，在董事会解聘王志东时，“临危授命”成为新浪公司的第三任首席执行官。茅道临在这个位置上做满了两年，但仍然是任职没有到期就离职了，时间是2003年5月。公开的原因是个人原因，背后的原因有种种传言。媒体报道说，7名董事以4：3的比例投票通过了“解聘”茅道临的议案。主持这次董事会会议的是新浪公司的联合创始人、董事长姜丰年。但是新浪公司管理层人员在决定茅道临去留问题上发挥了重要作用。姜丰年当着茅道临的面给新浪公司管理层人员打电话，一个一个地征询意见。除了一位没有表态外，几乎所有的管理层都做出了反对茅道临继续任职的表示。

可以说，正是从这时开始，从内部成长起来的管理层人员逐步掌控新浪。此前的沙正治，是一次操之过急和失败的外部引进首席执行官试验，王志东是创始人和创业者身份，茅道临则是投资人代表和职业经理人双重身份。

新浪内部成长起来的管理层人员的第一位代表就是汪延。1972年出生的汪延，1989年高中毕业后去了法国。1991年暑假从法国回北京时认识了王志东。汪延1996年从巴黎大学毕业之后就回国加入了四通利方，创建了四通利方公司国际网络部，并于1996年4月至1999年4月任该部部长。1999年4月至1999年8月，任新浪公司主管中国区产品和业务拓展的执行副总经理，1999年9月至2001年5月，任新浪公司中国区总经理。2001年6月，王志东离开新浪后，茅道临升任新浪公司首席执行官，汪延升任新浪公司总裁。2003年5月，茅道临离职，汪延升任新浪公司首席执行官，同时开始担任新浪董事会董事。

2006年5月，汪延三年的首席执行官任期届满，进入新浪公司10年时间之后，以不满35岁的年龄退居“二线”，把曹国伟推到新浪管理层的前台，出任新浪公司首席执行官。复旦大学毕业并另有两个美国大学学位的曹国伟，1999年9月加入新浪，任主管财务的副总裁。如果说，汪延是从四通利方时代开始的，可以算作新浪公司的创业者之一，曹国伟则完全是新浪公司聘请来的职业经理人。可以说，新浪已经进入了由内部成长起来的首席执行官执掌的一个治理结构相对稳定的时代。

从万科到金山和新浪，成立时间由早到晚，但是在“股东远离—职业经理人控制”的职业管理之路上，却是成立时间最晚的新浪公司走在了最前面，成立时间最早的万科公司落在了最后。对于职业管理，创始人的公司发展模式和路径选择，公司所处行业、公司注册地和股票上市地等等，都是比公司创立时间更重要的影响因素。

A股年报能否像H股年报那样亮起来

党　印

目前上市公司正陆续出炉2016年年报，我们对2015年年报的观察可供新年报参考。在阅读A股公司2015年年报时，我们发现，大多数公司的年报格式规范，资料完备，也按监管部门的要求，披露了基本的财务信息和治理信息。与此同时，大多数公司的年报形式单一，内容乏味，仅按最低要求披露了相关信息，自愿性信息披露较少。在核心问题上泛泛而谈，或避重就轻，让投资者不明就里。

一些同时发行A股和H股的上市公司，从长度上看，A股年报的长度通常大于等于H股年报的长度。从内容上看，A股年报“财务报告”的占比大于H股年报，“管理层讨论与分析”的占比小于H股年报。从形式上看，大多数A股年报以文字和表格贯穿始终，很少有图，很少有色彩，年报总体处于黑白阶段，看上去只是一份资料和档案。很多H股年报图表丰富，色彩亮丽，看起来像一本精美的杂志。

以中国平安2015年的年报为例，A股和H股的年报质量都很高，长度均为290页，但是A股年报财务数据的篇幅大于H股年报，“管理层讨论与分析”和“公司治理”的篇幅小于H股年报。农业银行、东方航空、大连港等公司

原文载《证券日报》，2017年2月4日，A3版。正式发表时有删节。

的A股年报的长度远大于H股，多出的篇幅主要是财务报表及附注资料。这些年报的共同点是，A股年报形式古板，风格单调，数据罗列较多，专门分析较少。H股年报有大量篇幅分析行业内的重要问题或公司的重大决策，不是枯燥的资料罗列，也不是单纯的数据文档。

我们不禁疑惑，同一家公司，同一年度，为何给出两份不太相同的年报？是因为面对的监管规定不同，还是因为面对的投资者不同？A股年报能否像H股年报那样，内容丰富，制作精美，让投资者眼前一亮。

从监管规定上看，中国证监会和香港证监会均有专门的信息披露指引，规定上市公司财务报告的一般格式，以及年报必须包含的内容，并鼓励上市公司详细披露相关信息。不过从实践上看，不少香港上市公司曾与A股公司一样，仅按最低要求披露相关信息，并且语言生硬，不易理解。香港证监会和联交所也曾对此无可奈何。香港证监会在1997年发布《浅白语言计划》，引导上公司如何撰写清楚易明的公布，可是效果不明显。从2009年开始，香港联交所每年审阅上百家上市公司的年报，发布《财务报表审阅计划》，对年报披露中的普遍问题进行总结，督促引导上市公司加强信息披露。后来又配套发布《从审阅年报内容监察发行人合规情况》，要求“上市公司编制年报时应注意并考虑本报告讨论的审阅结果”，并明确指出，高素质的财务报告“须提供的资料均为相关、重要及针对发行人本身情况，发行人应避免作出不相关及不重要的披露”。这些报告是正式规章制度的补充，从侧面表明交易所的真实用意，其指引效果优于正式的规章制度。我们今天看到H股年报的质量远优于A股年报，但香港联交所仍然坚持每年发布这些引导性的报告，引导上市公司以适当的形式，主动披露投资者关注的信息。

中国证监会于2012年修订了创业板上市公司年报的内容与格式要求，于2014年修订了主板和中小板上市公司年报的内容与格式要求，并于2014年修订了上市公司财务报告的一般规定。这些修订顺应了投资者对年报信息披露的期待。投资者需要哪一项信息，可以直接到年报的相应部分查找，不用再大海捞针。不过这种方便仅限于对强制性披露数据的寻找，比如某一个财务指标、某一项治理信息。如果需要了解公司管理层对行业发展的理解，公司面临的风险及应对策略等，投资者能得到的信息取决于上市公司的披露意愿。按照证监会的规定，A股年报必须包含这两项内容，但是一些上市公司在此部分着墨很少，尤其是公司面临的风险及应对策略部分，时至今日仍有一些公司只字未提，另有一些公司只有空泛的几句话，让投资者一头雾水。

年报是上市公司信息披露的重要载体，目前A股年报停留在满足监管部门要求的阶段，而非面向更广泛的利益相关者。年报不应沦为满足监管部门要求的一份文件，而应成为公司与各利益相关者沟通的一个工具，因为投资者、债权人、商业合作伙伴、员工及管理层等利益相关者均需要一份优质的年报。一份优质的年报既要内容全面，又要格式规范。底线要求是，严格按照证监会和交易所的规定，披露财务信息和公司治理信息。更高的要求是，信息的使用者能得到超预期的信息。在格式上，年报除了满足基本的要求，逐项披露相关信息外，最好形式美观，图文并茂，一目了然，易于阅读。

这涉及强制性披露与自愿性披露的问题，以及财务信息披露和非财务信息披露的问题。重要的财务信息是强制性披露的，证监会有统一的格式和口径，但在字数、内容上没有统一要求。另一些财务信息和非财务信息是自愿披露的，上市公司有一定的灵活性空间。虽然监管部门一直倡导自愿性信息披露，但是自愿性信息披露的成本更高，风险更大，大多数上市公司竭力回避。

通过对比H股和A股的监管规定，我们认为，中国证监会和沪深交易所可从两方面改善A股年报信息披露质量。一方面，应身先示范，增加自身的自愿性信息披露内容。除了正式的规章制度外，提供一些引导性的研究报告，供上市公司参考借鉴。深交所自2004开始在官网公布一些研究报告，虽然数量有限，但对上市公司仍是一种有益参考。纵向看，刚开始深交所每年公布的研究报告数量在10份以上，后来逐渐减少，2013年和2014年只公布了两份研究报告，2015年一份也没有，这种形式的间接指导便逐渐减弱直至没有。另一方面，中国证监会和沪深交易所可以在目前信息披露评级的基础上，评选出年报信息披露的典范，或者某一方面内容的典范，供其他公司学习参考。通过种种方式，监管部门和交易所向上市公司传达一种理念：年报的形式和内容一样重要。

上市公司其实也可大有作为。除了监管部门和交易所的引导外，上市公司需认识到，年报并非纯粹为了遵守规章，清晰精简的财务报告是有效的沟通渠道，为投资者提供所需要的资料而作出知情的投资决定。大量研究发现，自愿性信息披露水平较高的公司，投资者给予更高的评价，公司股价走势更好。让年报生动起来，贴近读者阅读习惯，读者自然愿意读，进而愿意关注本公司。投资者可能从喜欢一份年报，到喜欢上该公司，进而投资该公司。

我们认为，A股年报除了满足基本的监管要求外，在自愿性披露方面，目前至少有两方面可以改善。

第一，重视“管理层讨论与分析”部分。该部分讨论公司所处的运营环境，总结公司过去一年的各种表现，分析公司的发展前景。如果深入讨论，全面分析，该部分将占较大篇幅，比如农业银行2015年年报该部分长达72页，远高于不少公司不到20页的篇幅。我们发现，该部分篇幅越小的年报，内容越空洞，表格罗列较多，文字分析较少。该部分篇幅较大的年报，通常有大量的文字分析，对行业环境、公司优劣势的分析较深入，且有清醒的风险认识和应对策略。在内容上，年报在该部分必须披露过去一年的重要事项及对未来发展的展望。万科2015年年报中没有提到宝能在二级市场的入侵行为，没有披露管理层对该事件的看法，这对投资者而言无疑是一种遗憾。

第二，A股年报信息披露的形式应向H股年报看齐，更加生动形象。中国平安2015年A股和H股年报质量相当，A股年报也像H股年报一样，图表丰富，制作精美。其他A+H股公司的A股年报明显与普通A股年报相似，内容安排和排版设计不及H股年报。投资者需要更加精美的年报，上市公司在这方面亦无须大量投入，如果稍加努力，可以接近与投资者的距离，增加投资者对公司的喜爱程度，上市公司何乐而不为呢？

总体而言，以信息披露为核心的监管理念已被广泛认同，上市公司年报是信息披露的重头戏。投资者可能不看季报、半年报告、内部控制报告和社会责任报告等，但通常会看年报，年报是上市公司面向投资者的重要窗口。目前A股年报已普遍满足合规性要求，让年报生动起来，应成为2016年年报的努力方向。

后 记
Postscript

呈现在读者面前的是一个集体研究成果。五年前，我们将研究的目光聚焦在中小民营上市公司治理。这些企业大多处于企业生命周期的成长期，具有高成长、高收益和高风险的特点。深交所中小板、创业板上市公司90%的企业拥有自主专利技术，在各自的细分行业处于龙头地位。这些企业的可持续发展，孕育着我国经济转型和产业升级的希望。

企业实现基业长青需要许多因素发挥作用，最基础的因素是公司治理机制。公司治理是确保公司运营在正确的轨道上。有效的公司治理应符合两个基本条件：一是公司治理的制度安排应有利于促进企业价值创造及其可持续发展；二是各相关利益主体之间的责权利对等。如果说前者关系到如何把企业这块“蛋糕”做大，后者则关系到利益如何在不同的主体之间进行分配。良好的公司治理不会保证企业经营绝对不失败，但它会大大提高公司成功的概率，是企业长期可持续发展的基础架构。

感谢IDG资本和《创业邦》杂志对本项研究的资助和支持。特别要感谢熊晓鸽先生和南立新女士在工作的百忙之余，抽出宝贵时间对课题组进行细致的帮助和指导。没有他们的鼎力帮助，我们的研究不会持续到现在。

还要感谢我的研究合作伙伴，他们是仲继银研究员、吴国鼎博士、叶扬博士和党印博士。他们志同道合、一丝不苟的敬业精神，保证了这一研究成果的质量。

作为目前唯一一份对中小板和创业板上市公司治理进行系统研究的成果，我们进行了初步的探索，其瑕疵在所难免。希望能够抛砖引玉，让更多的各界人士共同关心和帮助中小民营企业的发展和成长。

鲁　桐

2017年7月28日于北京